Hans-Georg Gadamer zur Einführung

Udo Tietz

Hans-Georg Gadamer zur Einführung

JUNIUS

Für Hans-Georg Gadamer
zum 100. Geburtstag

Junius Verlag GmbH
Stresemannstraße 375
22761 Hamburg
Im Internet: www.junius-verlag.de

Umschlaggestaltung: Florian Zietz
Titelfoto: dpa
Satz: Druckhaus Dresden GmbH
Druck: Druckhaus Dresden GmbH
Printed in Germany 1999
ISBN 3-88506-311-5
1. Auflage November 1999

Die Deutsche Bibliothek – CIP-Einheitsaufnahme

Tietz, Udo:
Hans-Georg Gadamer zur Einführung / Udo Tietz. –
1. Aufl. – Hamburg : Junius, 1999
(Zur Einführung ; 211)
ISBN 3-88506-311-5

Inhalt

Anhang

1. Frühe Einflüsse

Hans-Georg Gadamer wurde am 11. Februar 1900 in Marburg geboren. Als Gadamer die Schule verließ und im Frühjahr 1918 sein Studium in Breslau begann, war er »ein schüchterner, unbeholfener, in sich gekehrter Bursche« – also »alles andere als frühreif«. Nichts deutete damals auf die Philosophie. Gadamer liebte Shakespeare, die griechischen und deutschen Klassiker und Lyrik (eine Liebe, der er bis heute die Treue hält). Zwar hatte er während seiner Schulzeit auch schon Theodor Lessings *Europa und Asien* gelesen, »eine ganz schwungvolle, sarkastische Kulturkritik«, die ihn nach eigenem Bekunden umwarf (eine ähnliche Faszination übten auf ihn Thomas Manns *Betrachtungen eines Unpolitischen* und die Gedichte Stefan Georges aus). Der erste philosophische Text jedoch, den Gadamer las, war Kants *Kritik der reinen Vernunft* – und wenn wir Gadamer Glauben schenken dürfen, dann mit nur mäßigem Erfolg. Denn »es schlüpfte [...] nicht der geringste verstandene Gedanke heraus« (PLJ 12).

Dennoch blieb Gadamer bei der Philosophie. Das kurzzeitige Herumnaschen in den Geistes- und Kulturwissenschaften (Germanistik, Romanistik, Geschichte, Kunstgeschichte, Psychologie, Islamistik) brachte dem jungen Studiosus nicht das, was er sich erhoffte: eine Orientierung im Denken. Lediglich in einem Seminar bei Richard Hönigswald ging Gadamer etwas von dem auf, was künftig sein intellektuelles Leben bestimmen sollte. Durch ihn erhielt er dann auch seine »erste Einführung in die Kunst des begrifflichen Denkens«, dessen »wohlziselierte Dialektik mit Eleganz, wenn auch nicht ohne eine gewisse Eintönigkeit die transzendental-idealistische Position des Neukantianismus gegen allen Psychologismus verteidigte«. Hönigswalds Vorlesung über »Grundfragen der Erkenntnistheorie«, die Gadamer mitstenographierte und inzwischen dem Hönigswald-Archiv überlassen hat, waren für ihn eine »gute Einführung in die Transzendentalphilosophie«, so daß er, als seine Familie nach Marburg zog (Gadamers Vater, der die Neigungen des Sohnes »zu Literatur und Theater und überhaupt zu den brotlosen Künsten [...] von Herzen« mißbilligte, bekam dort 1919 eine Professur für pharmazeutische Chemie), »schon mit einer gewissen Vorbereitung im Jahre 1919 nach Marburg« kam. (SD 480)

Marburg

Marburg, das war seinerzeit die »Marburger Schule«, eine der wichtigsten und wohl auch einflußreichsten Kant-Schulen des 20. Jahrhunderts. Hermann Cohen gilt als ihr Begründer. Das Ziel dieser antipsychologistisch ausgerichteten Kant-Schule bestand darin, die kritischen Intuitionen Kants unter den Bedingungen der Gegenwart zu erneuern, so daß der Kritizismus wieder Anschluß an die Wissenschaften fände. Im Gegensatz jedoch zur südwestdeutschen, stärker auf die Kultur- und Geisteswissenschaften orientierten Kant-Schule von Wilhelm Windelband und Heinrich Rickert war der Marburger Neukantianismus an den mathematischen Wissenschaften und an ihren Methoden orientiert. Diese wissenschaftstheoretische Ausrichtung gab dem Marburger Neukantianismus seine spezifische Ausprägung.[1]

Im Selbstverständnis der Marburger hat es nämlich »die transcendentale Erkenntnis [...] gar nicht mit ›Gegenständen‹ zu thun,

›sondern nur mit unserer Erkenntnisart von Gegenständen, sofern diese a priori möglich sein soll‹«[2]. Die transzendentale Untersuchung ist »nicht auf den objektiven Inhalt der Erkenntnis«, sondern »auf die Methode« gerichtet.[3] Was als Gegenstand zum Objekt der neukantianischen Erkenntnistheorie wird, setzt für Cohen schon ein Wissenschaftsverständnis voraus, so daß der Gegenstand nur unter der Voraussetzung seiner logisch-konstruktiven Erzeugung zu einem Gegenstand der Wissenschaften wird. Dieser Methodologismus der Gegenstandserzeugung, den man auch als einen *transzendentalen Erzeugungsidealismus* bezeichnen kann, steht im Zentrum des Marburger Neukantianismus und wurde zum beherrschenden Moment dieser Schule. Auch die Arbeiten von Paul Natorp und Nicolai Hartmann waren diesem Ansatz anfänglich verpflichtet.[4]

Natorp und Hartmann

Nach der Emeritierung von Cohen waren es vor allem Natorp und Hartmann, die Marburg das Gepräge gaben. In der Philosophie waren sie Gadamers erste Lehrer. Im Unterschied zu Cohen, der zeit seines Lebens einen strikten Methodologismus vertrat, begann Natorp, sich mehr und mehr von dieser Fixierung auf die Methode zu befreien, bis er schließlich Wege betrat, »die mit Diltheys geisteswissenschaftlicher Psychologie wie mit Husserls Phänomenologie konvergierten«. Dieses Interesse an Dilthey galt zwar noch nicht dem Projekt, dem Gadamer später seine Aufmerksamkeit widmen sollte: dem einer Grundlegung der philosophischen Hermeneutik. Natorp ging es um den »systematischen Einheitsgedanken der Philosophie überhaupt, der sich ihm in der Korrelation von Objektivierung und Subjektivierung, das heißt in der vollen Herrschaft des Gedankens der Methode, des

Prozesses, des fieri auch noch über das factum der Wissenschaft darstellt« (PLJ 62).

Gerade hier deutete sich jedoch eine entscheidende Differenz zu Cohen an, die eine Neufassung des Theorieprogramms erforderlich machen sollte. Wenn nämlich das transzendentale Programm nicht auf die Wissenschaften und auf ihre apriorischen Grundlagen begrenzbar ist, wenn es statt dessen die weit grundsätzlichere »Korrelation von Denken und Sein« ist, »die den unendlichen Fortgang des methodischen Bestimmens trägt und begründet« (PLJ 63), und wenn schließlich auch diese Korrelation in einer ursprünglich unzerstückten Einheit gründet, dann muß die Wirklichkeit selbst als das Urkonkrete gedacht werden. Mehr und mehr richtete sich Natorp daher auf den Logos im Sinne eines transsubjektiven und transobjektiven Indifferenzpunktes, in dem alles Denken und jedes Seiende wurzelt – womit er den Neukantianismus wieder an den spekulativen Idealismus in der Nachfolge Kants anschloß. »Also nicht ›ich denke, also ich bin‹, auch nicht wie Lichtenberg sagt: ›ich denke, also ist es‹, sondern schlechthin *›es ist‹*.«[5] Auf diese Weise bewegte sich Natorp jenseits der Idee von Methode auf eine Philosophie des Seins zu, die nicht ohne Einfluß auf Heidegger blieb.[6]

Diese systematischen Thesen waren es auch, die eine grundsätzliche Revision seines Plato-Buches nötig machten. Vertrat Natorp anfangs noch die Auffassung, daß die Platonischen Ideen von den Naturgesetzen her zu verstehen seien, so wie sie der Galileischen und der Newtonschen Wissenschaft zugrunde liegen – Gadamer bezeichnete diese These später als eine der »paradoxesten Thesen [...], die je in der historischen Forschung aufgestellt worden sind« (PLJ 66) –, so erkennt der späte Natorp, »daß die Idee nicht nur Methode ist, sondern daß aller Vielfältigkeit der Ideen die jenseitige Einheit des Einen, Urkonkreten zugrunde liegt«. »Und so hat Natorp in hohem Alter sein 1903 erschienenes vielumstrittenes Platowerk in einem metakritischen Anhang vom Jahre 1921 selbst kritisiert und die Perspektive eines angemessenen Platoverständnisses ausgearbeitet.« (PLJ 66)

Von diesem Plato-Verständnis blieb Gadamers Dissertation, die er auf Anraten von Hartmann bei Natorp schrieb, nicht unberührt. Denn das Dissertationsthema *Das Wesen der Lust in den platonischen Dialogen* geht direkt auf Natorp zurück. Dieser schlug Gadamer zwar zunächst vor, eine Arbeit über Fichte zu schreiben. Und Gadamer versuchte sich zunächst auch in Fichte einzulesen, wobei er mit Fichtes Briefwechsel mit seiner Frau begonnen haben soll. Bald schon gestand er aber: »Ach, Herr Geheimrat, ich würde doch lieber über Plato arbeiten.«[7]

Natorp kam dieser Wunsch nicht ungelegen. Ging er doch nicht unberechtigterweise davon aus, daß Gadamer Motive aufgreifen und weiterdenken würde, die er selbst in seinem metakritischen Kommentar zu seinem Plato-Buch als Defizite der Forschung benannt hatte: voran »der Begriff der Lust bei Plato«. Und tatsächlich ist die Arbeit ganz im Geiste von Natorp verfaßt.[8] Auf 116 in schlampiger Typographie geschriebenen Seiten mit nicht mehr als insgesamt fünf Fußnoten stellt Gadamer Platos Widerlegung des Hedonismus vor und versucht dem Problem der Lust gerechtzuwerden[9] – womit Gadamer ein Problem formuliert hatte, das ihn bis in die neunziger Jahre beschäftigte. (Vgl. IG)

Die ganze Argumentation verblieb jedoch noch innerhalb eines Rahmens, der durch den Neukantianismus vorgegeben war. Dieser Rahmen begann sich allerdings bereits merklich aufzulösen – wovon nicht nur der »musische Enthusiasmus« Zeugnis ablegt, »mit dem der scharfe Methodologe der Marburger Schule, Paul Natorp, auf seine alten Tage in die mystische Unsagbarkeit des Urkonkreten einzudringen suchte und außer Plato und Dostojewskij, Beethoven und Rabindranath Tagore, die mystische Tradition von Plotin und Meister Eckhart – bis zu den Quäkern

– beschwor« (SD 482). Und in Gadamers Dissertation finden sich ja auch Spuren dieser eigentümlichen Form der Geistigkeit, die durch großangelegte Synthesen inspiriert war. Insgesamt aber vermochte es der Zweiundzwanzigjährige noch nicht, sich aus der erkenntnistheoretischen Enge des Neukantianismus zu befreien.

Aber nicht nur Natorp, sondern auch der um achtzehn Jahre ältere Nicolai Hartmann hinterließ bei Gadamer einen bleibenden Eindruck. Hartmann, der 1922 den Lehrstuhl von Natorp übernahm, bewegte sich ebenfalls auf Konfrontationskurs zu Cohen. Nach eigenen Aussagen stand Gadamer, als er seine »Plato-Dissertation schrieb und 1922 promoviert wurde, viel zu jung, [...] vorwiegend unter dem Einfluß Nicolai Hartmanns, der zu Natorps Systematik idealistischen Stils in Opposition getreten war« (SD 482 f.). Analog zum späten Natorp, bei dem Hartmann 1909 habilitiert hatte, brach auch letzterer mit dem transzendentalen Erzeugungsidealismus und vollzog so die »Selbstauflösung der Marburger Schule« mit. (PLJ 222) Orientiert an einer realistischen Ontologie der Werte, lehnte er die Auffassung ab, daß die Erkenntnis »ein Erschaffen, Erzeugen oder Hervorbringen des Gegenstandes« sei, und vertrat ein erkenntnistheoretisches Programm, welches davon ausging, daß das Erkennen ein »Erfassen von etwas« ist, »das auch vor aller Erkenntnis und unabhängig von ihr vorhanden ist«[10].

Zu Hartmann, der Gadamers »Sinn für Nuancen« schätzte, hatte Gadamer ein ganz besonders inniges Verhältnis:

»Er übte auf uns alle damals eine starke Wirkung aus. Zwar war ich seinen Schemata gar nicht hold, mit denen er die Subjektsphäre und die Objektsphäre und die Kategoriensphäre und was nicht alles an die Tafel malte [...]. Doch faszinierte mich bald die kühle Würde und der grüblerische Scharfsinn des neuen Lehrers, und wenn Nicolai Hartmann, als er sich mir freundschaftlich zuwandte, nach der Vorlesung mit mir ins Kaffee Vetter oder Markees ging und dort auf den ehrwürdigen Marmortischen noch viel wildere Schemata entwickelte, in denen sogar die ontologische Determinationskraft der Werte, in Fortsetzung der determinationsstärkeren Kategorien, ihre Abbildung fand – Dinge, die er nur dieser abwaschbaren Festhaltung anvertraute –, und vor allem, wenn er meinen kindlich-scharfsinnigen Einwendungen oder Weiterdenkungen Beifall zollte, fühlte ich mich doch sehr erhoben. Es war schon etwas ungewöhnlich, daß er einen mit Vornamen nannte, daß man jederzeit in sein Haus kommen konnte, von ihm wie von seiner Frau stets wie ein halber Sohn aufgenommen.« (PLJ 21)

An diesem »Denker und Lehrer«, der im Begriff war, »seine eigene idealistische Vergangenheit durch kritische Argumentation abzustreifen«, schätzte Gadamer also nicht nur den kühlen Scharfsinn, sondern auch die unprätentiöse und fast schon freundschaftliche Art, die Hartmann gegenüber dem Jüngeren an den Tag legte. So berichtete dieser ihm dann auch »ganz unbefangen, daß Natorp ein sehr schönes Gutachten geschrieben habe«. Und als Hartmann dann »in allen Punkten das Gegenteil behauptet habe«, einigte man sich auf dieser Basis auf »summa cum laude«. (PLJ 23) Mit dem Abstand von einem Vierteljahrhundert meinte Gadamer jedoch, daß gleich »beide unrecht hatten«. Denn in Wahrheit hätte er bis dahin noch »nichts gelernt«, wenn man von »einer allgemeinen Übung in scharfsinnigen Argumentationen und ein bißchen Plato-Lektüre« einmal absieht. Erst die Begegnung mit Martin Heidegger brachte für den jungen Doktor der Philosophie die Wende.

Heidegger

»Von Heidegger ging das Raunen in studentischen Kreisen schon länger um. Marburger, die nach Freiburg gegangen waren, berichteten von der seltsamen Ausdrucksweise und suggestiven Macht des jungen Assistenten Husserls, und als Heidegger ein Manuskript an Natorp sandte, das zur

Grundlage seiner Berufung nach Marburg wurde, und ich dieses Manuskript kennenlernte, war ich sofort wie gebannt. Wie dort die Ausarbeitung der hermeneutischen Situation einer Aristoteles-Interpretation aufgebaut wurde, Luther und Gabriel Biel, Augustin und das Alte Testament ins Spiel kamen und damit das griechische Denken in seiner Sonderart und in seiner Anfänglichkeit sich abzeichnete – ich weiß nicht, wieviel ich eigentlich verstand. Schließlich war ich meinem Doktortitel zum Trotz ein 22jähriger Junge, der mehr dunkel ahnte und auf Dunkles ahnungsvoll reagierte, als daß er wirklich wußte, worum es ging.« (PLJ 24)

Die Begegnung mit Heidegger wurde für Gadamer und für das Marburg jener Tage zu einem »elementaren Ereignis«. Die Radikalität seiner Fragen und die schlichte Kraft seines sprachlichen Ausdrucks waren von einer Energie, daß so manchem das in Marburg erworbene »Scharfsinnspiel mit den Kategorien oder Modalitäten verging«. Plötzlich erschien Gadamer alles bisher Erlebte matt und glanzlos. Heidegger brachte die Bestätigung, daß das, was Gadamer »in den abstrakten Denkübungen unter der Leitung Nicolai Hartmanns mit spielerischer Leidenschaft und nur halber Befriedigung betrieben hatte, noch nicht das war«, was er in der Philosophie suchte. (PLJ 34)

Gadamer hatte Heidegger bereits im Sommersemester in Freiburg kennengelernt, wo er auf Anraten von Hartmann bei Richard Kroner seine Studien fortsetzen sollte. Deshalb galt er im Heidegger-Kreis anfänglich auch als Kroner-Schüler. Gadamer drängte es jedoch zu Heidegger, von dem er bereits viel gehört und sogar schon einen unpublizierten Text über Aristoteles gelesen hatte. Diesen Text, den sich Natorp aufgrund der beständig wachsenden Popularität des Freiburger Husserl-Assistenten von Heidegger erbeten hatte (Natorp betrieb daraufhin sofort dessen Berufung nach Marburg, die Heidegger im Sommersemester 1923 dann auch annahm), überließ Natorp dem gerade promovierten Gadamer, weil er davon ausging, daß dieser daraus seinen Nutzen ziehen würde – und weil der Text ohnehin bald schon im siebten Band von Husserls *Jahrbuch für Philosophie und phänomenologische Forschung* erscheinen sollte. Zu dieser Publikation ist es jedoch nie gekommen. Dennoch kann man sagen, daß ebendieser Text Gadamers Denken nachhaltig beeinflußte. Gadamer war nämlich von diesem Heidegger-Manuskript so beeindruckt, daß er mit einem Schlag zum Konvertiten wurde.

Heidegger machte hier nicht nur vor, wie man Aristoteles und die Griechen als Zeitgenossen und als Bündnispartner im Kampf gegen den Bewußtseinsidealismus im allgemeinen und gegen den erkenntnistheoretischen Formalismus des Neukantianismus im besonderen zu lesen hatte. Er zeigte auch, wie die Philosophie nach den langen methodologischen Präludien wieder zu den »Sachen selbst« gelangt – nach einer damaligen Parole kann man nämlich nicht beständig Messer und Gabel wetzen, ohne zu essen. Hier also war sie, die wirkliche Philosophie, die sich nicht in methodologischen Vorspielen erschöpft.

Zwar besuchte Gadamer in Freiburg auch Vorlesungen und Seminare bei Husserl, der ihn wie einen »Abgesandten der Marburger Schule und als Schüler seines verehrten Gönners Paul Natorp mit Ehren« empfing. (PLJ 30) Der eher bieder wirkende Husserl, dessen Vortrag Gadamer später als »flüssig und nicht ohne Eleganz« (wenngleich ohne jede rhetorische Wirkung) bezeichnete, machte auf Gadamer aber keinen größeren Eindruck. Der Begründer der Phänomenologie, dessen Seminare stets gigantischen Monologen glichen, hatte etwas von dem an sich, was Fedor Stepun einen »wahnsinnig gewordenen Uhrmacher« genannt hatte (PLJ 31) – völlig unbeeindruckt von all dem, was um ihn herum vor sich ging.

So waren es in Freiburg vor allem Heideggers Seminare und Vorlesungen, die Gadamer besuchte. Wenn wir Gadamer folgen, dann handelte es sich hierbei um die Vorlesung über »Ontologie

(Hermeneutik der Faktizität)«, zwei Proseminare über das VI. Buch der *Nikomachischen Ethik* und über die *Logischen Untersuchungen*, ein weiteres Seminar über Aristoteles, ein Seminar über Kants Religionsschrift, das Heidegger zusammen mit Julius Ebbinghaus leitete, und schließlich um eine weitere Lehrveranstaltung, in der Heidegger privat mit Gadamer die Substanzbücher der Aristotelischen *Metaphysik* und verschiedene andere Texte las. Diese Begegnungen bildeten für Gadamer die »erste praktische Einführung in die Universalität der Hermeneutik« (SD 486).

»Es war ein eigentümlich aktuell gewordener Aristoteles. Heidegger bevorzugte die Ethik, die Rhetorik, kurz Disziplinen des Aristotelischen Lehrprogramms, die sich ausdrücklich von der Prinzipienfrage der theoretischen Philosophie abgelöst präsentierten. Vor allem die Kritik an der Idee des Guten, dem obersten Prinzip der Platonischen Lehre, die ihm dort begegnete, schien ihm sein eigenes Anliegen, das Anliegen der zeitlich-geschichtlichen Existenz und der Kritik an der Transzendentalphilosophie auszusprechen.« (GP 299)

Durch Heideggers Aristoteles-Interpretation wurde Gadamer auf den Weg der hermeneutischen Phänomenologie gebracht. Es faszinierte ihn, wie Heidegger die Sachhaltigkeit des Aristoteles gegen das erkenntnistheoretische Primat des theoretischen Bewußtseins kehrte und dieses gegenüber dem faktischen menschlichen Dasein als abkünftig auswies. Das war wirklich neu. Zwar berief sich auch schon Hartmann auf Aristoteles – was seinerzeit in Marburg eine Sensation gewesen sein dürfte. Während es Hartmann jedoch lediglich um eine erkenntnistheoretische Absicherung des Realismus ging (er vertrat das Primat des Erkenntnisgegenstandes gegenüber dem transzendentalen Erzeugungsidealismus der Marburger), ging es Heidegger um das Primat der Faktizität des Menschen gegenüber allen idealistischen Begriffskonstruktionen der Neuzeit, die aufgrund ihrer Abstraktheit und

Bodenlosigkeit einer radikalen Destruktion ausgesetzt werden sollten. In der Perspektive von Heidegger erschien Hartmanns realistische Erkenntnistheorie wohl eher als Teil des allgemeinen Debakels denn als Lösung des Problems. Auch diese Theorie mußte Heidegger daher als Ausdruck jener Selbstentfremdung des Geistes betrachten, gegen die er mit Aristoteles die Faktizität des Daseins in einer geschichtlichen Welt aufbot.[11]

Dieses Projekt trug den Titel »Ontologie«. Und insofern es innerhalb dieser Ontologie um das menschliche Dasein geht, das sein Sein »immer schon« versteht, handelt es sich hierbei um eine »Hermeneutik der Faktizität«. Diese Formel, die den Einfluß von Wilhelm Dilthey auf Heideggers Hermeneutik-Projekt verrät, wird zum Inbegriff einer destruierenden Rückkehr zu den verdeckten »Sachen selbst« und damit zu einer Abrechnung mit dem Bewußtseinsidealismus der Neuzeit, der mit seiner Ausrichtung am Selbstbewußtsein und an der Idee der Methode den Kontakt zu den lebendigen Menschen in einer gemeinsam geteilten Lebenswelt verloren hatte.

Heidegger, der sich in seiner Kritik an der Geschichtsfremdheit des Neukantianismus und der Husserlschen Phänomenologie positiv auf Dilthey berief, ging es jedoch nicht um eine »Kunstlehre des Verstehens«, mit der die verstehenden Geisteswissenschaften in Abgrenzung zu den erklärenden Naturwissenschaften eine eigenständige Legitimation erhalten sollten, sondern um eine »Hermeneutik des Daseins« Ihm zufolge muß nämlich die Hermeneutik auch noch jene Voraussetzungen hinterfragen, die Dilthey bereits als gültig akzeptiert hat. Indem Dilthey gegen seine eigene Intuition, daß das geschichtliche Leben sich als verstehendes immer schon selbst auslegt, sich letztendlich doch wieder an der Methode und damit am Paradigma der Naturwissenschaften orientiert, »überspringt« er das in ursprüngliche Verstehensvollzüge eingebettete Dasein.

Anders Heidegger: »Im Titel der folgenden Untersuchung ist Hermeneutik *nicht* in der modernen Bedeutung und überhaupt nicht als noch so weit gefaßte Lehre *von* der Auslegung gebraucht. Der Terminus besagt vielmehr im Anschluß an seine ursprüngliche Bedeutung: eine bestimmte Einheit des Vollzugs des hermeneuein (des Mitteilens), d.h. des zu Begegnung, Sicht, Griff und Begriff bringenden *Auslegens der Faktizität.* [...] Die Hermeneutik hat die Aufgabe, das je eigene Dasein in seinem Seinscharakter diesem Dasein selbst zugänglich zu machen, mitzuteilen, der Selbstentfremdung, mit der das Dasein geschlagen ist, nachzugehen. In der Hermeneutik bildet sich für das Dasein eine Möglichkeit aus, für sich selbst *verstehend* zu werden und zu sein.«[12]

Dieses Hermeneutik-Projekt hat sich Gadamer 1923 in Freiburg zu eigen gemacht. Auch er vertrat nun die Ansicht, daß »Heideggers Wendung zur Hermeneutik der Faktizität [...] eine Abkehr von dem Bewußtseins-Idealismus neukantianischer Prägung« erzwang, dem selbst noch Husserl, der Begründer der Phänomenologie, bei allem antiidealistischen Furor gefolgt war. (EH 465) Denn bei Husserl fand lediglich die Durchführung des neuzeitlichen Erkenntnisprojektes seit Descartes und Kant ihre Kritik, nicht aber das Projekt selbst.

Dies gilt ebenso für Hartmann. Auch er verblieb mit seiner Phänomenologie innerhalb des durch die neuzeitliche Bewußtseinsphilosophie vorgegebenen Rahmens, den Gadamer, gerade in Freiburg angekommen, einer an Heideggers Hermeneutikprojekt orientierten Kritik unterzieht. Diese Kritik, die Kroner im *Logos* veröffentlichte, fiel ungewöhnlich scharf aus. Zwar begrüßt es Gadamer, daß der ehemalige Lehrer den Weg zur Phänomenologie gefunden hat – und damit Anschluß an ein sachorientiertes Philosophieren. Gleich darauf wirft er ihm jedoch das vor, was Heidegger bereits Husserl vorgeworfen hatte: daß der dazu gewählte erkenntnistheoretische Ansatz nicht radikal genug sei.

Präsentiert sich doch Hartmanns Phänomenologie als standpunktfreie Phänomenologie, die mit der Ansetzung eines standpunktfreien Subjekts geradezu zwangsläufig jene skandalösen Scheinfragen reproduziert, die nach Gadamer destruiert werden müssen. Mit der Art und Weise, »wie Hartmann die Frage ansetzt: wie kommt das Subjekt zum Objekt? (auf diese Fragestruktur läßt sich die Hartmannsche ›Phänomenologie‹ bringen), ist der Boden des Phänomens eigentlich verlassen oder besser: noch gar nicht gewonnen« (ME 349). Nach Gadamer gibt es keine Möglichkeit, an die »Sachen heranzukommen, die nicht durch die Besonderheit des eigenen Standortes entscheidend bestimmt wären« (ME 341) – ein Argument, das inzwischen wohl allgemein akzeptiert ist. Ein standpunktfreier Standpunkt kann wohl nur ein Gottesstandpunkt sein.

Nun fällt in diesem Logos-Aufsatz nicht ein einziges Mal das Wort »hermeneutisch«. Dennoch »dürfte klar sein, daß Gadamer bereits unter der Wirkung der Hermeneutik von Heidegger, aber auch Diltheys stand, als er seinen Aufsatz zum Druck brachte. Von der Erkenntnistheorie zur Hermeneutik: So läßt sich in etwa die Wachablösung von Hartmann zu Heidegger [...] zusammenfassen.«[13]

Für Hartmann, der Gadamer einst »wie einen halben Sohn aufgenommen« hatte (PLJ 21), war dies sicher eine herbe Enttäuschung, zumal auch andere talentierte Schüler zu Heidegger überliefen. Und man hat den Eindruck, daß Gadamer, der auch später nie einen Zweifel an der Richtigkeit dieses Schrittes laut werden ließ, stets ein ungutes Gefühl, wenn nicht gar ein schlechtes Gewissen dabei hatte. Aber wie dem auch sei, Gadamer, der mit diesem Aufsatz die Brücke zum Neukantianismus endgültig hinter sich abgebrochen hatte, wollte nun jedenfalls nicht mehr bei Hartmann, sondern bei Heidegger habilitieren. Das war aber gar nicht so leicht. Heidegger, der bereits eine Reihe von talentierten jungen Leuten um sich versammelt hatte, war bei weitem nicht so begeistert von Gadamer wie dieser von ihm. Auf Heidegger wirkten Gadamers Arbeitsergebnisse absolut enttäuschend.

In einem Brief an Karl Löwith hat Heidegger Gadamer wie folgt charakterisiert: »Ursprünglich Hönigswald-Natorp- jetzt begeisterter Hartmannanhänger – in diesem Semester bei mir angeschlossen – sein Vater Ordinarius in Marburg – er will sich bei Hartmann habilitieren – dazu über Aristoteles arbeiten – vorläufig sehe ich gar nichts Positives bei ihm. Redet Begriffe und Sätze nach – ist aber genau so hilflos wie sein ›Meister‹ –. Ich werde mich hier unbedingt dazwischen stellen, wenn es zu einer schnellen Habilitation kommen sollte. Er schreibt jetzt eine Rezension über Hartmanns ›Metaphysik‹ – die Gedanken hat er von mir – von Philosophie hatte er bislang nicht die leiseste Ahnung.«[14]

An dieser Einschätzung sollte sich auch in den nächsten zwei Jahren nicht allzuviel ändern. Heidegger machte kein Hehl daraus, daß er mit den Leistungen von Gadamer alles andere als zufrieden war. Und Gadamer selbst hat dies durchaus ähnlich gesehen: In seiner Selbstdarstellung aus dem Jahr 1975 spricht er davon, daß es sich bei seinen beiden Publikationen, dem bereits erwähnten Aufsatz über Hartmanns *Metaphysik der Erkenntnis* und dem Aufsatz in der Festschrift zu Paul Natorps siebzigstem Geburtstag (*Zur Systemidee in der Philosophie*), um »recht vorlautes Zeug« gehandelt habe, das es seinerzeit kaum wert war, gedruckt zu werden. (SD 483)

Nach einer Phase des Zweifels am eigenen Talent (PLJ 32) begann Gadamer daher im Frühjahr 1925 ein planmäßiges Studium der klassischen Philologie bei Paul Friedländer – Griechischlehrer würde man schließlich immer brauchen können. Je weniger er sich der Philosophie der Gegenwart gewachsen fühlte, um so mehr suchte er mit den antiken Quellen eine sichere Grundlage zu bekommen. Gadamer rühmte sich in dieser Zeit, »grundsätzlich nur Bücher zu lesen, die mindestens zweitausend Jahre alt sind« (PLJ 47) – worin man die ersten Anklänge für die spätere normative Auszeichnung des Klassischen sehen kann. Bei Friedländer, der selbst gerade an seinem Plato-Buch arbeitete, lernte er nicht nur die Platonischen Dialoge unter Absehung von ihrem dogmatischen Lehrcharakter zu lesen, für Gadamers Plato-Verständnis eine kaum zu unterschätzende Erfahrung. Bei Friedländer wird er sich auch seiner eigenen Leistungsfähigkeit bewußt, die letztendlich dann auch die Anerkennung von Heidegger fand, der schließlich selbst auf eine schnelle Habilitation drang.

Nach Abgabe eines Essays über den *Protrepticus* wird Gadamer am 20. Juli 1927 im Fach klassische Philologie bei Friedländer, Heidegger und Ernst Lommatzsch geprüft. Mit der »Prüfung für das Lehramt an höheren Schulen« hat er sich als Philologe ausgewiesen, so daß er nun auf zwei Gebieten mit den Besten seines Faches konkurrieren konnte: in der Philosophie und der klassischen Philologie. Dies ist auch Heidegger nicht entgangen. Als Heidegger nach der Abschlußprüfung von Friedländer erfuhr, daß dieser Gadamer die Habilitation anbieten würde, beeilte er sich, Gadamer mitzuteilen, daß er sich auch bei ihm habilitieren könne. Zwar war Eile geboten, weil Heidegger bereits einen Ruf als Husserls Nachfolger nach Freiburg in Aussicht hatte, den er dann auch im Wintersemester 1928 annahm. Wenn Gadamer sich jedoch etwas beeilen würde, dann könnte er es noch zusammen mit Karl Löwith und Gerhard Krüger schaffen.

Gadamer war erfreut und erstaunt zugleich. Heidegger, der all die Jahre nie ein gutes Wort zu ihm gesagt hatte, bot ihm plötzlich die Habilitation an. Ohne zu zögern, stürzte er sich in die Arbeit. Im Sommer 1928 konnte er die fertige Habilitation vorlegen. Sie trug den nüchternen Titel *Interpretation des platonischen Philebus.* Diese Habilitation, die ursprünglich als eine Vorarbeit für eine Studie über die Ethik des Aristoteles geplant war, besteht aus zwei Teilen: einer Analyse der Platonischen Dialektik des Gesprächs und einer philosophischen Deutung des *Philebus*, dessen vorbereitende Interpretation der Entfaltung eines Widerspruchs zwischen zwei verschiedenen Deutungen der Lust in der *Nikomachischen Ethik* dienen sollte. Zur Ausführung dieser Idee ist es jedoch nicht gekommen. Gadamer, der unter Zeitdruck stand, begnügte sich mit dem Plato-Teil. So gesehen ist Gadamers Habilitationsschrift ein »steckengebliebenes Aristoteles-Buch« (SD 487). Gleichwohl war der Start mit dieser Arbeit mehr als gelungen. Nicht nur deshalb, weil Gadamer mit der Interpretation des *Philebus* seine bei Husserl und Heidegger erlernte phänomenologische Deskriptionskunst unter Beweis stellen konnte, sondern vor allem deshalb, weil Gadamers »erstes Plato-Buch« bereits die Grundzüge seiner später weiter ausgebauten Plato-Interpretation erkennen läßt, in deren Zentrum die »Dialektik des Gesprächs« steht – und das hieß schon damals »die Verständigung über die Sache« (PDE 30).

Der *Philebus* und die Frage nach dem Guten, das sich im gemischten Leben finden läßt, führten ihn zu einer dialogischen und ethischen Konzeption, die sich gegen den Bewußtseinsidealismus auf den faktischen Menschen beruft, dem es in seinem Sein nicht um ein Verfügungswissen über sich selbst geht, sondern um ein Wissen, das nur im Vollzug erfahren wird. Im Ansatz war damit bereits in der Habilitation eine Konzeption von einem praktischen Wissen entwickelt, das in der Praxis des Lebens seinen Sitz hat. Diese Idee hat Gadamer erstmals in dem Aufsatz *Praktisches Wissen* systematisch entfaltet und seitdem beständig weiter verfolgt. Bereits hier wird ihm klar, daß es »keine steigende Beherrschung der eigenen Existenz« geben kann, »die dazu führte, daß man nicht mehr je neu nach dem Besten für sich zu fragen hätte, weil man es im voraus schon wüßte. Gerade als die

Wachsamkeit der Sorge um sich selbst [...] ist die φρόνησις eigentlich das, was sie sein kann.« (PW 241 f.)

So wird für Gadamer der Rückgang vom transzendentalen Bewußtsein auf die Phronesis, die Konkretion der Platonischen Idee des Guten im Aristotelischen Sinn für das Tunliche, zur Frage nach dem »Sein des Sinns«, und zwar in einer zweifachen Bedeutung: erstens als Frage nach dem Sein des faktischen Lebens in der je eigenen Lebenswelt, zu der wir uns verstehend und handelnd verhalten, und zweitens als Frage nach dem Vollzugssinn des praktischen Verhaltens, das sich »*in ihm* selbst *als es* selbst *für sich* selbst *aus sich heraus* und in all dem *gegen sich selbst* ›vollzieht‹, d.h. ›ist‹«[15]. Im Zwiegespräch mit Heidegger zieht Gadamer schließlich die Frage nach dem Guten und die Frage nach dem »Sinn von Sein« zusammen und erörtert die Seinsfrage auf der Basis der Gesprächsdialektik noch einmal, um so den extremen Gegensatz zwischen Plato und Aristoteles in der Frage nach dem Verhältnis des Seins zum Guten zu verdeutlichen.[16] (Vgl. dazu IG 128 ff.)

Gadamer folgt den Spuren des Guten in der Praxis und zeigt, daß das Seinsverständnis des Daseins kein privilegiertes Wissen sein kann. Vielmehr handelt es sich hierbei um ein Verständnis, das alle Menschen immer schon in Anspruch nehmen müssen, insofern der Mensch sich mit seinesgleichen versteht. In der Perspektive dieser am lebendigen Dialog orientierten Sichtweise ist der andere nicht ein auf Distanz gebrachtes Alter ego, wie selbst noch bei Heidegger, sondern jemand, der von vornherein mitverstanden wird. (PDE 27 ff.) Und da die Frage nach dem Guten eben diesem anderen gilt, muß die Idee des Guten als das verstanden werden, was alles, was ist, in seinem Sein verstehbar macht. In diesem Sinne hat Gadamer in seiner Habilitation die Idee des Guten dann auch als die »letzte Grundlage *aller* Verständigung« bezeichnet. (PDE 56) Obwohl diese Thesen noch sehr programmatisch bleiben, enthalten bereits diese Andeutungen den »Keim jener hermeneutischen Wendung der Ontologie am Leitfaden der Sprache, die Gadamer in ›Wahrheit und Methode‹ vollzieht. Ihr Anfang liegt hier, wo Gadamer den Faden zuerst in die Hand nimmt, in der Platonischen Dialektik und ihrem Grundsatz, daß Vieles zu sagen sei.«[17]

Heidegger war mit der Habilitationsschrift zufrieden und schrieb ein sehr wohlwollendes Gutachten, in dem er unter Vernachlässigung der ethischen Aspekte insbesondere die ontologischen Einsichten des Verfassers rühmt und die Vielseitigkeit der systematischen Perspektiven hervorhebt. Zwar meint Heidegger, daß die Habilitation »weder zu einer klaren systematischen Ausdeutung noch zu einer allseitigen Verwertung« gelangt. Die phänomenologischen Interpretationen haben jedoch auf ihn einen positiven Eindruck gemacht, so daß er nicht umhinkam, die Vertrautheit des Verfassers mit der antiken Philosophie lobend zu erwähnen. Hatte sich Heidegger früher über die »leeren formalen dialektischen Argumentationen« beklagt und Zweifel am Talent von Gadamer geäußert, so hat Gadamer diese Zweifel nun gründlich zerstreut.

Im Wintersemester 1928 wurde Gadamer schließlich habilitiert, und nach der Probe- und der Antrittsvorlesung (»Hegelsche und antike Dialektik« und »Die Rolle der Freundschaft in der philosophischen Ethik«) erhielt er die Venia legendi. Damit war er neben Löwith und Krüger der dritte von Heidegger habilitierte Privatdozent in Marburg. »Dann kamen die Jahre, in denen Heidegger, von Marburg nach Freiburg zurückgekehrt, uns junge Dozenten der Philosophie allein ließ – oder sagen wir besser: freiließ.« (LL 333) Die »Niemandsjahre« waren mit dem Abschluß seiner »Lehrzeit bei Heidegger« und dem Beginn der eigenen Marburger Lehrtätigkeit beendet. (PLJ 30, ZPD 10) Ihnen folgten nun die langen »Dozentenjahre«, die schließlich mit Gadamers

Berufung nach Leipzig ihr Ende fanden. Von Leipzig führte sein Weg über Frankfurt am Main nach Heidelberg, wo er die Nachfolge von Karl Jaspers antrat. Da dieser Weg inzwischen durch die Gadamer-Biographie von Jean Grondin bestens dokumentiert ist, werden wir uns hier auf Gadamers Hauptwerk konzentrieren, an dessen Ausarbeitung er sich Anfang der fünfziger Jahre in Heidelberg machte.

2. Hermeneutik

In Heidelberg fand Gadamer gute Arbeitsbedingungen vor. Er führte das Leben eines deutschen Universitätsprofessors in einer offenen und zunehmend wohlhabenderen Gesellschaft, so daß sich der passionierte Lehrer nun auch wieder einem größeren Forschungsprojekt zuwenden konnte, in dem er, anknüpfend an Heideggers »Hermeneutik der Faktizität« und an die programmatischen Intuitionen der Habilitation, die Arbeitsergebnisse der letzten zwei Jahrzehnte in einer durchsystematisierten Gesamtkonzeption zusammenfassen wollte. Nun war jedoch Gadamers Stärke nie die begriffliche Konstruktion, sondern eher die aufweisende phänomenologische Konkretisierung im Gespräch. Daher schob er, darin ganz Sokratiker, das Schreiben immer so lange hinaus, wie es eben gerade ging. Nun ging es aber nicht mehr. (SR 354) Wiederholt forderte Heidegger seinen ehemaligen Schüler auf, endlich einmal ein Buch zu schreiben. Und auch seine Frau (ohne die *Wahrheit und Methode* wahrscheinlich nie fertig geworden wäre), seine neuen Schüler und einige seiner älteren Freunde und Kollegen meinten, daß Gadamer endlich die Gesamtkonzeption, die er im Kopf hatte, in eine geschlossene Form bringen sollte – hatte er doch nach der Habilitation kein weiteres Buch mehr geschrieben.

Diese Gesamtkonzeption stellte Gadamer unter den Titel »Theorie der Hermeneutik«. Einen ersten Vorstoß in Richtung auf diese Theorie bildet die Vorlesung »Kunst und Geschichte (Einleitung in die Geisteswissenschaften)«, die er in regelmäßigen

Abständen seit dem Sommersemester 1936 hielt. Diese Vorlesung, die er zur Basis eines ausführlichen Rechenschaftsberichts auch über seine eigene historisch-philosophische Arbeitsweise machte, bildete die Grundlage der hermeneutischen Philosophie von Gadamer, die dieser selbst jedoch lieber *philosophische Hermeneutik* nannte (die Bescheidenheit verbot es Gadamer, »das anspruchsvolle Wort ›Philosophie‹« für sich zu gebrauchen, das er daher »nur attributiv« verwendete). (HDS 199) In einer Rede, die Gadamer aus Anlaß seiner Wahl in die Heidelberger Akademie der Wissenschaften am 27. Mai 1951 hielt, kündigte er an, daß diese »Theorie der Hermeneutik« die Rechtfertigung dafür liefern würde, daß »alle Interpretation ein Moment der Selbstauslegung enthält und alle Forschung auf dem Felde der Geschichte der Philosophie selber Philosophie ist«[18].

Diese Theorie ließ jedoch zunächst einmal auf sich warten. Anfangs kam Gadamer nicht recht voran. Immer hatte er »das verdammte Gefühl, Heidegger gucke [ihm] dabei über die Schulter« (SD 491). So blieb ihm das Schreiben lange Zeit »eine fürchterliche Qual«. Er vermißte sein Gegenüber, den Gesprächspartner, mit dem man im Dialog über die Sache redet. Die angekündigte Fertigstellung des Manuskriptes zog sich daher immer wieder in die Länge. Erst im Verlauf des Wintersemesters 1958/59, Gadamer hatte erstmalig ein Urlaubssemester erhalten, konnte er die Arbeit an seinem Hauptwerk beenden, das im Jahre 1960 unter dem Titel *Wahrheit und Methode* erschien.

Ursprünglich sollte dieses Werk jedoch einen anderen Titel tragen, zumindest wenn es nach Gadamer gegangen wäre. Er schlug seinem Verleger Hans Georg Siebeck den Titel »Grundzüge einer philosophischen Hermeneutik« vor. Dieser konnte sich aber gar nicht mit einem solch sperrigen Titel anfreunden. Er fragte Gadamer: »Na, Hermeneutik, was ist denn das?« – und »verbannte« ihn in den Untertitel. Dennoch setzte sich der seinerzeit verworfene Titel als Kennzeichnung der Gadamerschen Philosophie durch. Und dies verdanken wir weitestgehend der Wirkung eines einzigen Buches, eben *Wahrheit und Methode.*

Nun hatte es jedoch mit Gadamers Projekttitel eine besondere Bewandtnis. Wenn man von dem Begriff der »hermeneutica generalis« und damit von den Hermeneutikauffassungen des 17. und 18. Jahrhunderts einmal absieht, dann steht der Begriff »Hermeneutik« seit Dilthey für eine Methodologie der Geisteswissenschaften. Daher gingen anfangs einige Leser davon aus, daß es sich hierbei um den Versuch handelt, die Erkenntnisweise der Geisteswissenschaften einer gegenüber den Naturwissenschaften eigenständigen Legitimierung zu unterziehen; und Gadamers Werk beginnt zunächst ja auch mit der Frage nach der rechten Epistemologie der Geisteswissenschaften. Gadamer zielt aber gerade nicht auf deren erkenntnistheoretische Legitimation, sondern auf das, was über den Kontrollbereich der Methode hinausführt. Er glaubt nicht, daß es jemals möglich sein wird, den Geisteswissenschaften das systematische Ideal eines strikten Methodenwissens aufzuzwingen.

Sein Hermeneutikbegriff steht sowohl gegen die wissenschaftstheoretische Verengung, die die Hermeneutik im 19. Jahrhundert erfuhr, als sie, inspiriert vom deutschen Idealismus, Interpretationslehren entwickelte, mit denen den Geisteswissenschaften ein tragfähiges Fundament verschafft werden sollte, als auch gegen positivistische Selbstmißverständnisse, wie sie im 20. Jahrhundert durch die Rezeption englischer und amerikanischer Methoden befördert wurden. (H 426 und NW 449)

»Eine ›Kunstlehre‹ des Verstehens, wie es die ältere Hermeneutik sein wollte, lag nicht in meiner Absicht. Ich wollte nicht ein System von Kunstregeln entwickeln, die das methodische Verfahren der Geisteswissenschaften zu beschreiben oder gar zu leiten vermöchten. Meine Absicht war auch nicht, die theoretischen Grundlagen der geisteswissenschaftlichen

Arbeit zu erforschen, um die gewonnenen Ergebnisse ins Praktische zu wenden. [...] Mein eigener Anspruch [...] war und ist ein philosophischer: Nicht, was wir tun, nicht, was wir tun sollten, sondern was über unser Wollen und Tun hinaus mit uns geschieht, steht in Frage. Insofern ist von den Methoden der Geisteswissenschaften hier überhaupt nicht die Rede. Ich gehe vielmehr davon aus, daß die historischen Geisteswissenschaften, wie sie aus der deutschen Romantik hervorgingen und sich mit dem Geist der modernen Wissenschaft durchdrangen, ein humanistisches Erbe verwalten, das sie gegenüber allen anderen Arten moderner Forschung auszeichnet und in die Nähe ganz andersartiger außerwissenschaftlicher Erfahrungen, insbesondere der der Kunst, bringt.« (VW 438)

Gadamer bestreitet also nicht etwa die Relevanz der neuzeitlichen Methoden in den Natur- und Geisteswissenschaften. Dies wäre einfach absurd. Auch für ihn steht es natürlich außer Zweifel, daß methodische Sauberkeit eine unerläßliche Bedingung jeder wissenschaftlichen Arbeit darstellt. Zudem ist die hermeneutische Reflexion, die in *Wahrheit und Methode* angestellt wird, ja zu einem großen Teil selbst »aus der konkreten Praxis der Wissenschaften hervorgewachsen, für die Methodengesinnung, d.h. kontrolliertes Verfahren und Falsifizierbarkeit, selbstverständlich ist« (NW 449). Und Gadamer geht es auch nicht darum, den »alten Methodenstreit zwischen Naturwissenschaften und Geisteswissenschaften zu erneuern« – wenngleich er faktisch von der klassischen Zweiteilung der Natur- und Geisteswissenschaften ausgeht. Er wendet sich gegen die Hypostasierung des »erkenntnistheoretischen Methodologismus« (WM 287), weil er meint, daß sich das Primat des Selbstbewußtseins und das Primat der Methode spiegelbildlich zueinander verhalten. (LT 46) Gadamer will mit seiner Hermeneutik im Rücken der streitenden Parteien Stellung beziehen und aufzeigen, »was durch jenen Methodenstreit verdeckt und verkannt wird, etwas, was die moderne Wissenschaft nicht so sehr begrenzt oder einschränkt, als vielmehr ihr vorausliegt und sie zu ihrem Teile möglich macht« (VW 439).

Und das, was den modernen Wissenschaften und ihren Methoden vorausliegt, sind jene Bedingungen, die die wissenschaftlichen Objektivierungen überhaupt erst ermöglichen.

Analog zu Heidegger hält auch Gadamer an einer reflexiven Aufklärung dieser Möglichkeitsbedingungen fest und erschließt den Sinn der wissenschaftlichen Thematisierungsweisen in den Natur- und Geisteswissenschaften mit Rekurs auf das Seinsverständnis derer, die sich in ihrer alltäglichen Existenz zu Seiendem in der Welt verhalten. Auf dieses Seinsverständnis stößt der Hermeneutiker nun aber nicht in objektivierender Einstellung, sondern indem er hinter die von der Transzendentalphilosophie am Leitfaden der Wissenschaften freigelegte kategoriale Verfassung des Seienden zurückfragt.

In diesem Sinn kann man sagen, daß sich die philosophische Hermeneutik einer philosophischen Bewegung im 20. Jahrhundert eingliedert, die die einseitige Orientierung am Faktum der Wissenschaft überwand, wie sie sowohl für den Neukantianismus als auch für den damaligen Positivismus selbstverständlich war. Gleichwohl hat die philosophische Hermeneutik »wissenschaftstheoretische Relevanz, soweit sie innerhalb der Wissenschaften durch hermeneutische Reflexion Wahrheitsbedingungen aufdeckt, die nicht in der Logik der Forschung liegen, sondern ihr vorausgehen. Das ist im besonderen Maße, wenn auch nicht ausschließlich, in den sogenannten Geisteswissenschaften der Fall, deren englisches Äquivalent ›moral sciences‹ schon im Worte anzeigt, daß diese Wissenschaften etwas zum Gegenstand machen, dem der Erkennende selber notwendig zugehört.« (NW 450)[19]

Sowenig wie Kant den Naturwissenschaften vorschreiben wollte, wie sie sich zu verhalten hätten, damit sie vor dem Richterstuhl der Vernunft bestehen können, sowenig will Gadamer dies den Geisteswissenschaften vorschreiben. Wie bereits bemerkt: Die philosophische Hermeneutik, die Gadamer entwickelt hat, ist keine Methodenlehre der Geisteswissenschaften, »sondern der Versuch einer Verständigung über das, was die Geisteswissenschaften über ihr methodisches Selbstbewußtsein hinaus in Wahrheit sind und was sie mit dem Ganzen unserer Welterfahrung verbindet« (WM 3). Analog zu Kant stellt die philosophische Hermeneutik eine philosophische Frage:

> »Sie fragt, um es kantisch auszudrücken: Wie ist Verstehen möglich? Das ist eine Frage, die allem verstehenden Verhalten der Subjektivität, auch dem methodischen der verstehenden Wissenschaften, ihren Normen und Regeln, schon vorausliegt. Heideggers temporale Analytik des menschlichen Daseins hat, meine ich, überzeugend gezeigt, daß Verstehen nicht eine unter den Verhaltensweisen des Subjekts, sondern die Seinsweise des Daseins selber ist. In diesem Sinne ist der Begriff ›Hermeneutik‹ hier verwendet worden. Er bezeichnet die Grundbewegtheit des Daseins, die seine Endlichkeit und Geschichtlichkeit ausmacht, und umfaßt daher das Ganze seiner Welterfahrung.« (VW 439 f.)

Heideggers Konzeption von Hermeneutik, so wie sie Gadamer erstmals 1923 in Heideggers Vorlesung »Ontologie. Hermeneutik der Faktizität« kennenlernte, und dann natürlich die Fortentwicklung dieser Hermeneutik zu einer »Hermeneutik des Daseins«[20] im Umfeld von *Sein und Zeit* bilden für Gadamers Hermeneutikprojekt den Bezugspunkt, von dem er sich nie abgewendet hat. 1989, also fast siebzig Jahre, nachdem Gadamer jene denkwürdige Vorlesung hörte, schreibt er, daß »die ganze Spannweite unseres Themas [...] in dieser Titellinie der Vorlesung offenkundig« sei. (HOD 60)

Und Heidegger? Wie dachte er über Gadamers Um- und Fortbildung der Hermeneutik? Nun, in seinen Augen stellte sich das realisierte Projekt durchaus ambivalent dar. Einerseits war nicht zu verkennen, daß Gadamers philosophische Hermeneutik seinem eigenen Denken vor und nach der sogenannten »Kehre« verpflichtet war, insofern Gadamer auf sehr eigene Weise Motive seines Denkens nach der »Kehre« auf den Ausgangspunkt der frühen »Hermeneutik der Faktizität« zurückbezog. Doch Gadamers energischer Rehabilitierung des Humanismus, seinem kritischen Rekurs auf die Geisteswissenschaften und seinem Festhalten an der Sprache des deutschen Idealismus, insbesondere an Hegel, mit dem er die Erfahrung der Geschichtlichkeit des Menschen aus der Enge der Methodologie zu befreien suchte, stand Heidegger äußerst skeptisch gegenüber. Das gesamte Projekt erschien ihm wohl zu traditionalistisch, um es vorbehaltlos akzeptieren zu können, so daß er nicht nur die Intuitionen seiner frühen Hermeneutik, sondern auch den Projekttitel an Gadamer abtrat. Heidegger glaubte anscheinend nicht mehr, daß sich der Hermeneutikbegriff, so wie er dem Projekt zugrunde liegt, an dem sich Gadamers philosophische Hermeneutik orientiert, an der »Hermeneutik der Faktizität«, von den Konsequenzen einer transzendentalen Bewußtseinstheorie freihalten läßt. Das, was Gadamer später als »unser Thema« bezeichnen wird, fiel ihm damit allein zu.

In einem Brief aus dem Jahre 1973 an Otto Pöggeler heißt es: »Die ›hermeneutische Philosophie‹ ist die Sache Gadamers, sie ist ein gutes Gegengewicht gegen die ›analytische Philosophie‹ und die Linguistik. Auf die Dauer wird aber auch hier das Ge-stell innerhalb der absterbenden ›Geisteswissenschaften‹ die Oberhand bekommen.«[21] Wie immer man nun heute zu dieser Diagnose stehen mag, ob man eher die Auffassung vertritt, daß die philosophische Hermeneutik nach wie vor ein Gegengewicht zur analytischen Philosophie darstellt, oder ob man von einer allmählichen Annäherung jener Positionen spricht, die sich in den frühen dreißiger Jahren so unversöhnlich gegenüberstanden[22], fest steht, daß Heidegger in *Wahrheit und Methode* manches schlucken mußte. Im Gegensatz etwa zu Gadamers Plato-Studien aus den siebziger Jahren, von denen sich Heidegger eine Korrektur seines eigenen Plato-Verständnisses erhoffte, oder zum Celan-Buch von 1973, das Heidegger wohl am meisten schätzte, konnte er sich mit Gadamers Hauptwerk wohl nie so recht anfreunden. Besonders stutzig machte ihn, daß Gadamer mit einem Bewußtseinsbegriff kokettierte, den er selbst als eine philosophische Verirrung ansah.[23] Heidegger glaubte, daß Gadamer nie so ganz seine idealistische Erstprägung abgestreift hat, die er seinerzeit in Marburg durch Natorp und Hartmann erhalten hatte – und ganz unrecht hatte Heidegger mit dieser Vermutung ja auch nicht.

Fast scheint es, daß die Denkwege von Heidegger und Gadamer seit den sechziger Jahren in entgegengesetzte Richtungen verliefen. Während Heidegger den Übergang von der Fundamentalontologie zum Seinsdenken realisierte und im Ergebnis der »Kehre« immer mehr auf Distanz zu seinem in *Sein und Zeit* unternommenen Versuch ging, mittels einer transzendental und hermeneutisch verfahrenden Analytik der Grundverfassung des Daseins aus dem Bannkreis der Bewußtseinsphilosophie auszubrechen, scheint Gadamer sich immer weiter auf Heideggers Anfänge zubewegt zu haben, ohne dabei von dessen Spätphilosophie berührt zu werden. Dieser Schein jedoch trügt.

Wie sich im folgenden noch zeigen wird, ist nämlich Heideggers Hermeneutikbegriff von »Gadamers Begriff der Hermeneutik so weit nicht entfernt, mit dem gewichtigen Unterschied freilich, daß ›Wahrheit und Methode‹ jenes Hermeneutische am Phänomen der Auslegung auszuweisen sucht, die Heidegger gleichermaßen fallenläßt«[24]. Heidegger entkoppelt das Hermeneutische vom »Geschäft der Auslegung« des Daseins – in der Perspektive von *Sein und Zeit* hat ja »der *λόγος* der Phänomenologie des Daseins [...] den Charakter des *ἑρμηνεύειν*, durch das dem zum Dasein selbst gehörigen Seinsverständnis der eigentliche Sinn von Sein und die Grundstrukturen seines eigenen Seins *kundgegeben* werden«[25] – und bindet es an die Botschaft vom

Sein, deren Verkündigung dem Hermeneutiker obliegt.[26] Im Rückblick des späten Heidegger auf seinen phänomenologischen Ausgangspunkt meint Hermeneutik »weder die Lehre von der Auslegungskunst noch das Auslegen selbst«, sie bezeichnet vielmehr »den Versuch, das Wesen der Auslegung selbst aus dem Hermeneutischen zu bestimmen«. Nicht erst das Auslegen, »sondern vordem schon das Bringen von Botschaft und Kunde« bedeutet das Hermeneutische.[27] Ursprünglicher als das Auslegen ist das Bringen der Botschaft und Kunde vom »Sein selbst«, dem nun die Autorschaft für das Entwerfen der Welt zugeschrieben wird – ein Gesichtspunkt, der uns im Zusammenhang mit Gadamers ontologischer Deutung der Sprache noch beschäftigen wird.

Gadamer hat also den »Begriff der ›Hermeneutik‹, den Heidegger ins Zentrum seiner Ontologie des Daseins gerückt hatte«, gegen dessen eigene spätere Entscheidung festgehalten. Damit hat sich Gadamer aber nicht auf Heideggers »transzendental gedachte Fundamentalontologie« verpflichtet, die in der Mitseinsanalyse in kaum geringere Schwierigkeiten gerät als die Theorie, gegen die sich diese Analyse wendet. (DH 139)[28] Seine philosophische Hermeneutik legt den Akzent nicht auf die Eigentlichkeit des Daseins, sondern auf das Mitsein und das Verstehen. Der methodische Ausgangspunkt von *Sein und Zeit*, zu dem Gadamer sich immer bekannte, betrifft daher in erster Linie »das sich auf sein Sein verstehende Dasein« (DH 140). Und hier sieht er überhaupt keinen Grund, warum das, was Heidegger im Umfeld von *Sein und Zeit* dazu schrieb, inzwischen seine Relevanz verloren haben sollte – zumal Gadamer ja Heideggers pauschalisierende Rede von der »Seinsvergessenheit« oder von der »Sprache der Metaphysik« ohnehin nie sonderlich überzeugend fand. Ein Bruch mit der metaphysischen Tradition des Abendlandes und mit dessen Sprache als der »Sprache der Metaphysik«, wie er vom späten Heidegger beständig angemahnt wurde, erschien ihm genauso unhermeneutisch wie die Rede von einem ganz anderen Anfang.

So ist denn Gadamer Heideggers Kritik am Bewußtseinsbegriff der Neuzeit und an der philosophischen Letztbegründung im Selbstbewußtsein gefolgt, die sich aus der Zuspitzung der traditionellen Hermeneutik zu einer »Hermeneutik der Faktizität« ergab. Dies bedeutet jedoch nicht, daß er »in allem bei Heideggers Thesen in ›Sein und Zeit‹ stehengeblieben« wäre. Gadamer war nie ein Heidegger-Exeget, der dem Meister bedingungslos folgt und ihn gegen jede Kritik verteidigt. Er dachte mit und er dachte auch gegen Heidegger. Von Anfang an hatte Gadamer »Schwierigkeiten damit, in der ›Vorhandenheit‹ gleichzeitig das griechische Seinsverständnis und den Begriff der Objektivität der neuzeitlichen Wissenschaft zu erkennen«. Ähnlich ging es ihm »mit der Analyse der ›Rede‹ in Heideggers Hermeneutik des Daseins«. Dem an der Gesprächsdialektik von Plato geschulten Hermeneutiker fehlte hier »die Erfahrung, die man an dem Anderen macht, an seinem Widerstand, an seinem Widerspruch und an der wegweisenden Kraft, die davon ausgeht« (HDS 198).

»Heideggers Hinterfragung der *Apophansis* und die Aufweitung der hermeneutischen Struktur des Daseins gab zwar der Sprache ihr Recht. Aber der Andere war doch bloße Adresse, nicht der Partner des Gesprächs. Was ein Gespräch in Wahrheit ist, hat Heidegger selber nur im Stil der Gesprächsform, die er in ›Unterwegs zur Sprache‹ wählte, anzudeuten gewagt.« (HDS 201)

Anders Gadamer: Er führte die Gedanken der Heideggerschen »Kehre« auf ihre hermeneutische Herkunft zurück, um ihre Auswirkung auf das Problem des Verstehens genauer auszumessen. So hielt Gadamer zwar an Heideggers Analyse des hermeneutischen Vorverständnisses und des hermeneutischen Zirkels fest. Aber er versuchte gleichzeitig, diesen Zirkel des Verstehens »in Richtung auf die Gesprächsbewegung« hin zu öffnen, die der philosophischen Hermeneutik ihr spezifisches Gepräge verlieh. In diesem Sinne ist auch die berühmt gewordene Formel von Jürgen Habermas zu verstehen: »Gadamer urbanisierte die Heideggersche Provinz.«[29]

Jenseits der pauschalisierenden Verdammungsurteile und jenseits von unkritischem Lob hielt Gadamer seinem Lehrer in selbstbewußter Distanz die Treue – und gilt möglicherweise genau darum als der eigentliche *philosophische* Nachfolger von Heidegger.

3. Die Vorstruktur des Verstehens und das Vorurteil

Wir haben bereits festgestellt, daß Gadamer schon in seiner Hartmann-Kritik die Auffassung vertrat, ein standpunktfreies Denken könne es nicht geben, und daß er sich gegen die neuzeitliche Bewußtseinsphilosophie auf ein Seinsverständnis berief, das den modernen Wissenschaften und ihren Methoden vorausliegt. Diese These hat Gadamer dahingehend konkretisiert, daß jedes Verstehen auf ein tragendes Vorverständnis angewiesen ist, welches den Autor und den Interpreten über historische Zeiten und soziale Räume hinweg verbindet. Wenn es nun aber gar kein voraussetzungsloses Verstehen gibt, wenn vielmehr ein jedes Verstehen auf ein gemeinsames Vorverständnis angewiesen ist, dann muß die hermeneutische Reflexion nicht nur das »grundlegende Vorurteil der Aufklärung [...] gegen die Vorurteile überhaupt« (WM 275) korrigieren, sondern darüber hinaus noch eine »Lehre von den Vorurteilen entwickeln, die, ohne den Sinn der Kritik an allen der Erkenntnis drohenden Vorurteilen zu gefährden, dem produktiven Sinn von Vorverständnis gerecht wird, wie es in allem Verstehen vorausgesetzt ist« (H 434).

Gadamers Korrektur der aufklärerischen Vorurteilskritik beginnt zunächst mit einer begriffsgeschichtlichen Reflexion, wobei er feststellt, daß das »Wort ›Vorurteil‹« nicht immer schon den negativ konnotierten Sinn hatte, der uns durch die Aufklärung vermacht wurde – das Vorurteil verstanden als unbegründetes Urteil. »An sich heißt Vorurteil ein Urteil, das vor der endgültigen Prüfung aller sachlich bestimmenden Momente gefällt wird«, was nicht gleichbedeutend sein muß mit einem falschen Urteil, da ja nicht ausgeschlossen ist, daß auch ungeprüfte Urteile wahr sein können. Wenn jedoch Vorurteile nicht eo ipso falsche Urteile sind, wenn Vorurteile auch wahr sein können, ja im großen und ganzen sogar wahr und untereinander kohärent sein müssen[30], dann liegt im Begriff des Vorurteils nicht nur die Möglichkeit einer negativen Wertung, sondern auch, in »Anlehnung an das lateinische *praeiudicum*«, die einer positiven: »Es gibt *préjugés legitimes.*« (WM 275)

Die Denunziation des Vorurteils durch die Aufklärung

Mit dieser Möglichkeit hat die Aufklärung in ihrem Vernunftenthusiasmus gar nicht erst gerechnet. Das Vorurteil galt als falsches Urteil, dem sich die kritische Reflexion entgegenzusetzen habe, woraus schließlich die rationalistische Diskreditierung des Vorurteils resultiert. Beginnend mit Descartes, wird das Vorurteil zum maßgeblichen Bezugspunkt des methodischen Zweifels. Bezweifelt wird die Geltung aller Urteile, die sich lediglich auf die Erziehung, auf Gewohnheiten, Konventionen und Überlieferungen oder auf den historisch-faktischen Stand der Wissenschaften gründen. Der methodische Zweifel als Virtualisierung von Vorurteilen ist die Dispensierung aller Überzeugungen, die nicht auf eigener Einsicht beruhen. Mit all seinen bewußtseinsphilosophischen Folgeproblemen führt der Cartesianische Weg einer reflexiven Erkenntniskritik so über eine Annihilation des Bezweifelbaren zu einer Selbstbegründung der Vernunft im Medium der Reflexion.[31]

Auch Kant ist dieser Strategie gefolgt. Auch er betrachtet Geltungsfragen als Legitimationsfragen, die am Leitfaden der Frage »Quid iuris?« entschieden werden sollen. Gemäß dem aufklärerischen Wahlspruch »Habe Mut, dich deines *eigenen* Verstandes zu bedienen«[32] sollte fortan keine Autorität außer der Vernunft mehr legitime Geltung für sich beanspruchen können. In jenem Zeitalter, welches Kant das »Zeitalter der Kritik« nannte, hatte sich alles vor ihrem »Richterstuhl« zu verantworten. Damit wurde die autonome Vernunft, mit der die Aufklärung der Tradition entgegentrat, zur letzten Quelle aller Autorität. Wie die »Naturwissenschaft die Zeugnisse der Sinnesdaten« unter Kritik stellte, so machte die Aufklärung die gesamte Überlieferung zum Gegenstand der Kritik. (WM 277) Mochte sich die Tradition in ihrer Gänze der aufklärerischen Kritik entziehen, als regulative Idee blieb die Aufgabe der kritischen Bewältigung der Tradition ein genuin aufklärerisches Ideal.[33]

Auch das Selbstverständnis des Historismus ist hiervon nie wirklich frei gewesen. Denn selbst noch die durch den Historismus auf den Weg gebrachte historische Aufklärung, der wir die Einsicht in die historische Bedingtheit und Variabilität der Vernunft – und damit natürlich auch ihrer Relativität – verdanken[34], teilt bei aller Kritik am aufklärerischen Rationalismus zwei Prämissen mit der Aufklärung: erstens das »grundlegende Vorurteil der Aufklärung [...] gegen die Vorurteile überhaupt« und zweitens das geschichtsphilosophische Grundschema der Aufklärung, »das Schema der Überwindung des Mythos durch den Logos«. Dies gilt auch für den romantischen Gegenentwurf zur Aufklärung, der an dieses Grundschema gebunden bleibt. Daher kann Gadamer in dieser Rehabilitation des Mythos gegenüber dem Logos keine wirkliche Überwindung, sondern lediglich eine bloße Umkehrung jener »Wertmaßstäbe« erkennen, die durch die Aufklärung inthronisiert wurden.

So hat denn die Romantik das historische Bewußtsein enorm geschärft – Gadamer denkt hier in erster Linie an »die Erweckung der Zeitenfrühe, das Vernehmen der Stimme der Völker in den Liedern, die Sammlung der Märchen und der Sagen, die

Pflege des alten Brauchtums, die Entdeckung der Sprachen als Weltanschauungen, das Studium der ›Religion und Weisheit der Inder‹«. Ja, mit der Romantik beginnt überhaupt erst die historische Forschung in ihrer spezifisch modernen Ausprägungsform. Die »romantische Wiederholung des Ursprünglichen« stand jedoch immer noch auf dem Boden, der durch die Aufklärung vorgegeben war – nur daß nun die Vorzeichen vertauscht waren: Was der Aufklärung als Wert galt, galt der Romantik als Unwert und vice versa.

Hier wie dort glaubte man nämlich, daß der »Ausnahmefall vernunftwidriger Überlieferung« die Regel darstellt, so daß man am Ende alles nur noch historisch verstehen wollte. »So mündet die romantische Kritik der Aufklärung selbst in Aufklärung, indem sie sich als historische Wissenschaft entfaltet und alles in den Sog des Historismus hineinzieht. Die grundsätzliche Diskreditierung aller Vorurteile, die das Erfahrungspathos der neuen Naturwissenschaft mit der Aufklärung verbindet, wird in der historischen Aufklärung universell und radikal.« (WM 280) In diesem Sinne sollten die historischen Wissenschaften des 19. Jahrhunderts die Aufklärung dergestalt vollenden, daß sie auch noch den letzten Schritt in der Befreiung des Geistes von dogmatischer Befangenheit tun, »den Schritt zur objektiven Erkenntnis der geschichtlichen Welt, die der Erkenntnis der Natur durch die modernen Wissenschaften ebenbürtig zur Seite tritt« (WM 280).[35]

Genau dieser Auffassung hat sich nach Gadamer die Hermeneutik entgegenzusetzen. Denn die aufklärerische Denunziation der Vorurteile und deren beständig beschworene Überwindung erweisen sich selbst als ein Vorurteil im schlechten Sinn, »dessen Revision erst den Weg für ein angemessenes Verständnis der Endlichkeit freimacht, die nicht nur unser Menschsein, sondern ebenso unser geschichtliches Bewußtsein beherrscht« (WM 280). Schließlich ist ja auch die von der Aufklärung in Anspruch genommene Vernunft immer nur eine menschliche Vernunft, d.h., sie ist an Voraussetzungen zurückgebunden, die ihr nicht frei zur Disposition stehen, so daß die Idee einer absoluten Vernunft, die der aufklärerischen Kritik an den Vorurteilen Gestalt und Kontur gab, »überhaupt keine Möglichkeit des geschichtlichen Menschentums« darstellt.

Wenn nun aber der historischen Bedingtheit nicht zu entkommen ist und wenn es hier, im historischen Verstehen, der »Mensch [...] mit sich selbst und seinen eigenen Schöpfungen zu tun hat (Vico)« – etwa im Gegensatz zur Naturerkenntnis –, dann wirft dies ein völlig neues Licht auf das Problem des geschichtlichen Erkennens. Im Bereich der Geisteswissenschaften ist nämlich die erkenntnistheoretische Frage »von Grund auf anders zu stellen«. Dilthey war einer der wenigen, die dies gesehen haben. Mit dem Begriffspaar »Leben« versus »Erleben«[36] entwickelte er das Konzept einer »historischen Vernunft«, die sich ihrer geschichtlichen Bedingt- und Begrenztheit bewußt ist. Im »Erlebnis« des »Lebens« sieht er eine unhintergehbare Voraussetzung des geschichtlichen Erkennens und das Fundament der Geisteswissenschaften. Damit tritt bei ihm an die Stelle eines überzeitlichen und unveränderlichen Vernunftbegriffs, an dem ja auch Kants *Kritik der reinen Vernunft* orientiert war, ein Begriff von Vernunft, »der die Bedingungen der Zeitlichkeit, Handlungsabhängigkeit, Veränderlichkeit und Endlichkeit des menschlichen Erkennens in sich aufnimmt«[37].

Doch auch Dilthey brachte nicht die Lösung. Aufgrund seiner Befangenheit in der traditionellen Erkenntnistheorie vermochte nämlich auch er nicht die »Brücke zu den geschichtlichen Realitäten« zu schlagen. (DPD) Sein Rekurs auf das »Innesein der ›Erlebnisse‹« erwies sich gegenüber den »geschichtlichen Wirklichkeiten« (Gesellschaft und Staat) als nicht tragfähig. Denn seine Ausgangspunkte sind nach Gadamer abgeleiteter Natur und reichen daher »als Basis für das hermeneutische Problem nicht aus«, da mit dem Rekurs auf das »Erleben« »Geschichte reprivatisiert wird«. Dieser Reprivatisierung der Geschichte durch die Hermeneutik Diltheys tritt Gadamer mit der inzwischen berühmt gewordenen These entgegen: »In Wahrheit gehört die Geschichte nicht uns, sondern wir gehören ihr. Lange bevor wir uns in Rückbesinnung selber verstehen, verstehen wir uns auf selbstverständliche Weise in Familie, Gesellschaft und Staat, in dem wir leben. Der Fokus der Subjektivität ist ein Zerrspiegel. Die Selbstbesinnung des Individuums ist nur ein Flackern im geschlossenen Stromkreis des geschichtlichen Lebens. *Darum sind die Vorurteile des Einzelnen weit mehr als seine Urteile die geschichtliche Wirklichkeit seines Seins.*« (WM 281)

Die Rehabilitierung des Vorurteils durch die Hermeneutik

Damit können wir ein vorläufiges Fazit ziehen: Die aufklärerische Vorurteilskritik erweist sich aus hermeneutischer Perspektive als sinnkritisch angreifbar. Denn die Annahme, daß die Urteile einer Person oder Epoche allesamt Vorurteile darstellen, die alles in allem falsch und inkohärent sind, würde nämlich auf die Konsequenz hinauslaufen, daß diese Personen oder Epochen überhaupt nicht mehr interpretierbar wären. Interpretierbar sind nur Personen oder Epochen, die sich nach unseren Maßstäben wenigstens als minimal vernünftig darstellen. Der »Ausnahmefall« einer vernunftwidrigen Überlieferung läßt sich folglich nicht zur Regel machen. Die Regel vielmehr ist, daß unsere und überhaupt jedermanns Vorurteile im großen und ganzen wahr und kohärent sind. Und diesen Sachverhalt betrachtet Gadamer als eine notwendige Voraussetzung eines jeden Verstehens, die immer nur im Einzelfall fraglich werden kann.

Wenn es also kein voraussetzungsloses Verstehen gibt, wenn vielmehr ein jedes Verstehen auf ein Vorverständnis angewiesen ist, dann bedarf es gegenüber der Aufklärung nicht nur einer »Rehabilitierung der Vorurteile«. Es bedarf zudem einer kritischen »Legitimation« dieser Vorurteile. Denn eine Einsicht der Aufklärung kann natürlich auch durch die hermeneutische Metakritik an der Aufklärung nicht rückgängig gemacht werden: die Einsicht in den »Gegensatz von Autorität und Gebrauch der eigenen Vernunft«. Dieser Verweis auf die eigene Vernunft ist wichtig, da Gadamer oft vorgeworfen wurde, daß er aus dem puren Bestehen der Vorurteile schon deren Legitimität ableite. Gadamer behauptet hier jedoch nicht, daß das sozial Geltende nicht auch der Kritik unterzogen werden könne, sondern lediglich, daß dies immer nur partiell der Fall sein kann.

Aber lassen sich Vorurteile überhaupt hinterfragen, wenn diese für all unser Verstehen tragend sein sollen – behauptet doch Gadamer, daß Vorurteile, die uns bestimmen, von uns nicht als Urteile gewußt und bedacht werden. (WM 304) Und wenn sie sich hinterfragen lassen, wie geschieht dies? Diese Frage, die Gadamer auch als die »eigentlich kritische Frage der Hermeneutik« bezeichnet hat, beantwortet er dahingehend, daß der »Zeitenabstand« die Instanz sei, die dafür Sorge trägt, daß das hermeneutisch unterrichtete Bewußtsein im Verstehen nicht nur seine eigenen Vorurteile, sondern auch die der Überlieferung bewußtmacht. Ein Vorurteil bewußtzumachen heißt aber, es »zur Abhebung [zu] bringen« und es in »seiner Geltung zu suspendieren« (WM 304). Mit Husserl gesprochen: Die Vorurteile, die der »natürlichen Einstellung« entstammen, werden »eingeklammert« und damit in geltungstheoretischer Hinsicht außer Aktion gesetzt, um sie so einer reflexiven Thematisierung zugänglich zu machen.

Auch Vorurteile können also in Hinblick auf ihre Geltung geprüft werden, nämlich genau dann, wenn sie einer reflexiven Thematisierung unterworfen werden. Das heißt, die tragenden Gewißheiten, die unserem Selbstverständnis zugrunde liegen, werden von der Hermeneutik als revidierbare und als nicht alternativlose erkannt und anerkannt. Dies bedeutet jedoch nicht, daß die Spannung zwischen Identifizierung und Distanzierung, die ja auch modernen Lebensformen eingeschrieben ist, sich dergestalt auflösen ließe, daß die tragenden Voraussetzungen des Verstehens in ihrer Gänze durch die geltungsprüfende Vernunft distanziert und einer reflexiven Thematisierung unterworfen werden könnten. Denn jede reflexive Thematisierung von Vorurteilen ist ja selbst wieder auf tragende Vorurteile verwiesen, so daß sich immer nur *Ausschnitte* aus dem *holistischen Netz* von Vorurteilen herausgreifen und prüfen lassen. Vorurteile können immer nur innerhalb eines *unthematischen Rahmens,* d.h. auf der Basis von Vorurteilen thematisch werden.

»Wer verstehen will, wird sich der Zufälligkeit der eigenen Vormeinung von vornherein nicht überlassen, um an der Meinung des Textes so konsequent und hartnäckig wie möglich vorbeizuhören – bis etwa diese unüberhörbar wird und das vermeintliche Verständnis umstößt. Wer einen Text verstehen will, ist vielmehr bereit, sich von ihm etwas sagen zu lassen. Daher muß ein hermeneutisch geschultes Bewußtsein für die Andersheit des Textes von vornherein empfänglich sein. Solche Empfänglichkeit setzt aber weder sachliche ›Neutralität‹ noch gar Selbstauflösung voraus, sondern schließt die abhebbare Aneignung der eigenen Vormeinungen und Vorurteile ein. Es gilt, der eigenen Voreingenommenheit innezusein, damit sich der Text selbst in seiner Andersheit darstellt und derart in die Möglichkeit kommt, seine sachliche Wahrheit gegen die eigene Vormeinung auszuspielen.« (ZV 60 f.)

Die »*wahren* Vorurteile, unter denen wir *verstehen*«, müssen sich also auch für Gadamer »von den *falschen*, unter denen wir mißverstehen«, scheiden lassen. (WM 304) Und sie müssen sich darüber hinaus rechtfertigen lassen, und zwar »durch Vernunfterkenntnis«, selbst wenn »diese Aufgabe nie ganz vollendet sein« wird. (WM 277) In diesem Sinn bleibt denn auch für Gadamer die Vernunft im Spiel.[38] Diese Vernunft ist jedoch keine über der Lebenswelt schwebende Instanz, sondern eine in historischen und sozialen Kontexten situierte Vernunft. Und eine solche Vernunft ist immer eine endliche Vernunft. (ZV 64)

Wie bereits bemerkt: Der von der Aufklärung in Anspruch genommene Gegensatz von Autorität und dem eigenen Gebrauch der Vernunft besteht nach Gadamer an sich zu Recht. »Sofern die Geltung der Autorität an die Stelle des eigenen Urteils tritt, ist Autorität in der Tat Quelle von Vorurteilen.« Das schließt aber eben nicht aus, daß sie auch eine »Wahrheitsquelle« sein können. Gerade damit hat jedoch die Aufklärung gar nicht erst gerechnet, da sie nicht nur jede falsche, sondern prinzipiell jede Autorität diffamierte. Autorität galt dem aufklärerischen Denken als das schlichte Gegenteil von Vernunft und Freiheit – eine Auffassung, die für Gadamer ein Vorurteil im schlechten Sinne darstellt. Denn »mit blindem Kommandogehorsam« hat eine richtig verstandene Autorität nichts gemein. Ja, sie ist dessen diametrales Gegenteil, insofern die recht verstandene Autorität »nichts mit Gehorsam, sondern mit *Erkenntnis* zu tun hat« (WM 284). Eine Autorität aber, die sich statt auf Gehorsam auf Erkenntnis gründet, ist eine Autorität, die sich mit Gründen an Gründen orientiert, so daß hier nicht blanke Gewalt, sondern allein der »schwache Zwang des besseren Arguments« zählt. Denn unsere Stellungnahme für oder gegen erhobene Wahrheits- und Geltungsansprüche, also auch die auf Gründen beruhende Zustimmung eines Interpreten zu einem Text bzw. zu einer sprachlichen Äußerung, gründet in einem »Akt der Anerkennung und der Erkenntnis – der Erkenntnis nämlich, daß der andere einem an Urteil und Einsicht überlegen ist und daß daher sein Urteil vorgeht« (WM 284). Und ein solcher Akt der Anerkennung ist »Ausdruck einer Einsicht.«[39]

Wenn dies richtig ist, muß die dualistische Kontrastierung von Tradition und Vernunft aufgegeben werden. Denn wir haben gesehen, daß die Tradition, der wir immer schon angehören, nicht in einen Gegensatz zu einer freien Selbstbestimmung gebracht werden kann. Ja, Traditionen selbst müssen als ein Moment der Freiheit und der Geschichte begriffen werden. Halten sie sich doch nicht von selbst am Leben, sondern allein dadurch, daß sie von Menschen angeeignet und erneuert werden. Diese Aneignung und Erneuerung, der in aller Regel eine Wahl zugrunde liegt, ist nun genauso eine »Tat der Vernunft« wie die kritische Distanzierung von Traditionen, denen wir noch in der Kritik angehören. Daher meint Gadamer, daß wir immer schon in einer Überlieferung stehen, »und dieses Darinstehen ist kein vergegenständlichendes Verhalten, so daß das, was die Überlieferung sagt, als ein anderes, Fremdes gedacht wäre«.

Gegenüber dem »erkenntnistheoretischen Methodologismus« der Neuzeit gilt es daher die Perspektive zu wechseln. Wenn sich das Verstehen in den Geisteswissenschaften von Grund auf mißversteht, »wenn es das Ganze seiner eigenen Geschichtlichkeit auf die Seite der Vorurteile schiebt«, dann muß »am Anfang aller historischen Hermeneutik [...] die *Auflösung des abstrakten Gegensatzes zwischen Tradition und Historie, zwischen Geschichte und Wissen von ihr stehen*«. Denn »die Wirkung der fortlebenden Tradition und die Wirkung der historischen Forschung bilden eine Wirkungseinheit« (WM 287).

In der Perspektive des Hermeneutikers erweist sich damit auch die historische Forschung als ein historisches Moment der »Vermittlung von Überlieferung«. Und so führt nach Gadamer die mit der Einsicht in die historische Bedingtheit des Verstehens verbundene »Selbstkritik des historischen Bewußtseins am Ende dazu, nicht nur im Geschehen, sondern ebenso noch im Verstehen geschichtliche Bewegtheit zu erkennen. *Das Verstehen ist selber nicht so sehr als eine Handlung der Subjektivität zu denken, sondern als Einrücken in ein Überlieferungsgeschehen,* in dem sich Vergangenheit und Gegenwart beständig vermitteln.« (WM 295) Dieses Verhältnis von Gegenwart und Vergangenheit hat ebenso wie das Verhältnis von Ganzem und Teil eine zirkuläre Struktur, die von Gadamer als hermeneutischer Zirkel bezeichnet wird.

4. Der hermeneutische Zirkel

Die Einsicht in die Zirkelstruktur des Verstehens stammt aus der antiken Rhetorik und ist durch die neuzeitliche Hermeneutik von der Redekunst auf den Verstehensprozeß übertragen worden. (ZV 57) Der Zirkel des Verstehens besagt, daß man das Ganze nur aus dem Einzelnen und das Einzelne nur aus dem Ganzen verstehen kann – womit ein hermeneutisches Grundtheorem formuliert ist. Doch wie ist dies möglich? Wie läßt sich das Ganze verstehen, wenn zuvor das Einzelne verstanden sein muß, und wie läßt sich das Einzelne verstehen, wenn zuvor das Ganze verstanden sein muß?

Gemäß dem hermeneutischen Grundtheorem stehen wir damit vor folgender Frage: »Wie ist es möglich, da wir immer nur das eine nach dem anderen, nicht aber das Ganze zu gleicher Zeit auffassen können, das Einzelne zu erkennen, da dieses die Erkenntnis des Ganzen voraussetzt? Der Zirkel, daß ich a, b, c usw. nur durch A erkennen kann, aber dieses A selbst wieder nur durch a, b, c usf., ist unauflöslich, wenn beide, A und a, b, c, als Gegensätze gedacht werden, die sich wechselseitig bedingen, nicht aber ihre Einheit anerkannt wird.«[40] Die eingangs gestellte Frage bleibt also so lange ohne Antwort, wie das Verhältnis von Textganzem und einzelnen Textelementen als ein äußerer Gegensatz, nicht jedoch als dialektisches Bedingungsverhältnis angesehen wird. Wird hingegen die Einheit der wechselseitigen Bedingung anerkannt, dann wird »es möglich, daß ich das Einzelne durch das Ganze und umgekehrt das Ganze durch das Einzelne erkenne«[41]. Der hermeneutische Zirkel des Verstehens wäre danach charakterisierbar als ein *nichtreduzibles Zugleich zweier Momente,* die sich nur zusammen erschließen lassen. Im Prozeß einer solchen Erschließung von Ganzem und seinen Teilen artikuliert sich das gelingende Verstehen sprachlicher Zeichen.

Der Zirkel des Verstehens, der hier zunächst als ein intratextueller Zirkel erscheint, ist von Friedrich Schleiermacher, dem »Großvater der modernen Hermeneutik«, weiter ausgearbeitet worden. Er ergänzte das hermeneutische Zirkelverhältnis von Ganzem und Teil dahingehend, daß ein Interpret den Sinn des Ganzen nur auf der Grundlage des historischen Kontextes erschließen kann. Gelingendes Verstehen realisiert sich durch eine Bewegung zwischen Text und Kontext. Schleiermacher hat diesen Tatbestand wie folgt beschrieben: »*Der Sprachschatz und die Geschichte des Zeitalters eines Verfassers verhalten sich wie das Ganze, aus welchem seine Schriften als das Einzelne müssen verstanden werden, und jenes wieder aus ihm.* [...] Überall ist das vollkommene Wissen in diesem scheinbaren Kreise, daß jedes Besondere nur aus dem Allgemeinen, dessen Teil es ist, verstanden werden kann und umgekehrt.«[42]

Oder wie Gadamer sagt: Der Zirkel von Ganzem und Teil wurde durch Schleiermacher »sowohl nach seiner objektiven wie nach seiner subjektiven Seite hin differenziert. Wie das einzelne Wort in den Zusammenhang des Satzes, so gehört der einzelne Text in den Zusammenhang des Werkes seines Schriftstellers und dieses in das Ganze der betreffenden literarischen Gattung bzw. der Literatur. Auf der anderen Seite gehört aber der gleiche Text als Manifestation eines schöpferischen Augenblicks in das Ganze des Seelenlebens seines Autors.« Und nur in einem solchen Ganzen von objektiven und subjektiven Bedingtheiten »kann sich Verstehen vollenden« (WM 296).

Der intratextuelle Zirkel des Verstehens von Ganzem und Teil wird also von Schleiermacher durch das zirkulär bestimmte Verhältnis von Text und Kontext ergänzt, womit zugleich die Rolle des geschichtlichen Bewußtseins für das Verstehensproblem in den Geisteswissenschaften formuliert war, so wie es im Anschluß an Schleiermacher dann vor allem durch Wilhelm Dilthey bekannt wurde.[43] Nun haben zwar die Romantik, Schleiermacher und später dann Dilthey die Rolle des geschichtlichen Bewußtseins für das Verstehen herausgearbeitet, »indem sie die verbindliche Gestalt der Tradition, aus der sie kommen und in der sie stehen, nicht mehr als feste Grundlage für alle hermeneutische Bemühung gelten lassen« (WM 297). Schleiermacher entwickelte jedoch seine Hermeneutik am Leitfaden einer »subjektiven Interpretation«. (PSS) Subjektiv ist diese Interpretation insofern, als die *Äußerung als Entäußerung eines Inneren* verstanden wird, dem das Verstehen in umgekehrter Richtung zu folgen habe. Für ihn blieb damit die Auffassung leitend, daß wir uns immer dann, wenn wir einen Text zu verstehen suchen, in jenes Innere zu versetzen haben.[44] Und das Innere ist die »seelische Verfassung des Autors«.

Genau hieraus resultiert ein Problem. Mit dem durch die Einfühlungshermeneutik nahegelegten »Rückgang auf die Subjektivität des anderen« droht nicht nur das »sachliche Recht« des Textes auf der Strecke zu bleiben. Das »Geheimnis des Verstehens«, das die Hermeneutik ja aufklären will, scheint sich so einer rationalen Rekonstruktion völlig zu entziehen. Das Verstehen als eine »geheimnisvolle Kommunikation der Seelen« verstehen zu wollen hieße daher, es von Grund auf mißzuverstehen. Verstehen erfordert vielmehr »eine Teilhabe am gemeinsamen Sinn« (WM 297) innerhalb eines öffentlichen Wir-Raumes, der sich nicht aus unabhängigen Ich-Perspektiven aufbauen läßt. Es ist überhaupt erst diese Teilhabe an einem gemeinsam geteilten Sinn in Gestalt einer intersubjektiv geteilten Sprache, die der philosophischen Hermeneutik ihre universelle Perspektive sichert und sie von einer der neuzeitlichen Bewußtseinsphilosophie verhafteten »Einfühlungshermeneutik« unterscheidet. Denn der gemeinsame Sinn eröffnet und begrenzt die Möglichkeiten des Mein- und Verstehbaren, so daß innerhalb der Vielfalt des Mein- und Verstehbaren, »d.h. dessen, was ein Leser sinnvoll finden und insofern erwarten kann, [...] doch nicht alles möglich« ist. (WM 273)

Heideggers »Beschreibung und existenziale Begründung des hermeneutischen Zirkels« hat auch dieser Problemsicht den Weg gebahnt. War nach Schleiermacher die Zirkelbewegung nach dem Durchlaufen des Zirkels vom Ganzen und seinen Teilen im vollendeten Verständnis des Textes abschließend aufgehoben, so zeigte Heidegger, daß ein jedes Verständnis eines Textes »von der vorgreifenden Bewegung des Vorverständnisses dauerhaft bestimmt bleibt« (WM 298). Gadamer beruft sich hier auf die fundamentalontologische Analyse der Zirkelstruktur des Verstehens, so wie sie Heidegger in *Sein und Zeit* im Rahmen einer »Hermeneutik der Faktizität« vorstellte.

Hier zeigte er, daß die »Ausbildung des Verstehens«, die er »Auslegung« nennt, im »hermeneutischen Als« fundiert ist[45] und daß »Verstehen und Auslegung die existenziale Verfassung des Seins des Da ausmachen«. Heideggers Fundamentalontologie bestimmt also den hermeneutischen Zirkel nicht mehr nur als einen intratextuellen Zirkel des Verstehens, sondern als eine *Vollzugsform des Daseins* selbst. Denn in jedem Verstehen von Welt ist nach Heidegger »Existenz mitverstanden und umgekehrt. Alle Auslegung, die Verständnis bereitstellen soll, muß schon das Auszulegende verstanden haben.«[46]

Daher ist es auch unzulässig, in diesem Zirkel nur einen Circulus vitiosus zu sehen, der eventuell dadurch vermieden werden kann, daß der Gegenstand (beispielsweise der Gegenstand der

Historiker) so weit wie irgend möglich distanziert wird, so daß er schließlich vom »Standpunkt des Betrachters so unabhängig wäre wie vermeintlich die Naturerkenntnis«[47]. Denn dadurch wird nicht nur das Verstehen dem Erkenntnisideal der exakten Wissenschaften angeglichen. Obendrein wird das Verstehen von »*Grund aus mißverstanden*« (WM 271 f.).

Folgen wir Heidegger und Gadamer, dann ist das Entscheidende jedoch gerade »nicht, aus dem Zirkel heraus-, sondern in ihn nach der rechten Weise hineinzukommen. Dieser Zirkel des Verstehens ist nicht ein Kreis, in dem sich eine beliebige Erkenntnisart bewegt, sondern er ist Ausdruck der existenzialen *Vor-Struktur* des Daseins selbst. Der Zirkel darf nicht zu einem vitiosum, und sei es auch nur zu einem geduldeten, herabgezogen werden.« Denn der hermeneutische Zirkel hat nichts mit einem Circulus vitiosus zu tun, der in der Logik einen Zirkelschluß (circulus in probando) und eine Zirkeldefinition (circulus in definiendo) bezeichnet. In ihm ist weder das zu Beweisende im Beweis vorausgesetzt, noch kommt der zu definierende Begriff im Definiens seiner eigenen Definition vor.

Der hermeneutische Zirkel ist vielmehr ein Zirkel, in dem sich nach Heidegger und Gadamer »eine positive Möglichkeit ursprünglichsten Erkennens« verbirgt, »die freilich in echter Weise nur dann ergriffen ist, wenn die Auslegung verstanden hat, daß ihre erste, ständige und letzte Aufgabe bleibt, sich jeweils Vorhabe, Vorsicht und Vorgriff nicht durch Einfälle und Volksbegriffe vorgeben zu lassen, sondern in deren Ausarbeitung aus den Sachen selbst her das wissenschaftliche Thema zu sichern«[48] (WM 271).

Diese »grundsätzliche Ableitung der Zirkelstruktur des Verstehens aus der Zeitlichkeit des Daseins« (WM 270) ist Gadamer zufolge von einer Tragweite, die bis zu Heidegger völlig verkannt wurde.[49] Denn »die neue grundsätzliche Bedeutung, die die Zirkelstruktur hier gewinnt«, ist keine »Forderung an die Praxis des Verstehens, sondern beschreibt die Vollzugsform des verstehenden Auslegens selbst. Heideggers hermeneutische Reflexion hat ihre Spitze nicht so sehr darin, nachzuweisen, daß hier ein Zirkel vorliegt, als vielmehr darin, daß dieser Zirkel einen ontologisch positiven Sinn hat.« (WM 270 f.) Und diese von Gadamer als »grundsätzlich« bezeichnete Bedeutung besteht darin, daß jedes Textverstehen auf ein Entwerfen angewiesen ist. »Wer einen Text verstehen will, vollzieht immer ein Entwerfen. Er wirft sich einen Sinn des Ganzen voraus, sobald sich ein erster Sinn im Text zeigt. Ein solcher zeigt sich wiederum nur, weil man den Text schon mit gewissen Erwartungen auf einen bestimmten Sinn hin liest. Im Ausarbeiten eines solchen Vorentwurfs, der freilich beständig von dem her revidiert wird, was sich bei weiterem Eindringen in den Sinn ergibt, besteht das Verstehen dessen, was dasteht.« (WM 271)

Gadamer folgt der Heideggerschen Interpretation des hermeneutischen Zirkels also aus zwei Gründen, erstens weil er die Auffassung vertritt, daß mit dieser der Entwurfscharakter des Verstehens angemessen verstanden werden kann, und zweitens, weil er der Auffassung ist, daß »erst von der ontologischen Wendung aus, die Heidegger dem Verstehen als einem ›Existenzial‹ verlieh, und der temporalen Interpretation, die er der Seinsweise des Daseins widmete, [...] der Zeitenabstand in seiner hermeneutischen Produktivität gedacht werden« kann. (WM 302) Denn erst mit dieser von Heidegger initiierten *hermeneutischen Wende* konnten die naiven Voraussetzungen des Historismus, die auch für Schleiermacher und seine Nachfolger bis zu Dilthey verbindlich waren – vor allem die These, daß man sich in den »Geist« der Zeit oder des Autors versetzen müsse, um zu einer höheren historischen Objektivität vorzudringen –, überwunden werden. »Wenn wir einen Text zu verstehen suchen, versetzen wir uns nicht in die seelische Verfassung des Autors, sondern wenn man schon von Sichversetzen sprechen will, so versetzen wir uns in die Perspektive, unter der der andere seine Meinung gewonnen hat.« (WM 297)

Gegen die Einfühlungshermeneutik verteidigt Gadamer also den immanenten Sach- und Wahrheitsbezug des Textes, weil er davon ausgeht, daß der Bezugspunkt des hermeneutischen Verstehens die Verständigung in der Sache bildet. Geben wir diesen Sach- und Wahrheitsbezug auf, geben wir auch den universalen Anspruch der Hermeneutik auf.

Wenn nun aber das Verständnis des Textes von der vorgreifenden Bewegung des Vorverständnisses dauerhaft bestimmt bleibt und wenn sich die Zirkelbewegung des Verstehens nicht in einem letzten »divinatorischen Akt« des Verstehens aufheben läßt, eben weil sich die durch den geschichtlichen Zeitenabstand bedingte historische Differenz zwischen dem Interpreten und dem Urheber nicht aufheben läßt, dann kann dieser Zirkel nicht bloß formaler Natur sein, wie dies noch von Schleiermacher und Dilthey nahegelegt wurde. Denn gerade die rein formale Bestimmung dieses Zirkels nivelliert die von Heidegger herausgearbeitete ontologische Struktur des Verstehens und reduziert damit den Zirkel des Verstehens auf die »formale Relation von Einzelnem und Ganzem« respektive auf den diesem intratextuellen Zirkel entsprechenden »subjektiven Reflex« im Bewußtsein des Verstehenden.

Der Zirkel des Verstehens, so wie Gadamer ihn versteht, ist jedoch nicht formaler Natur. »Er ist weder subjektiv noch objektiv, sondern beschreibt das Verstehen als das Ineinanderspiel der Bewegung der Überlieferung und der Bewegung der Interpretation. Die Antizipation von Sinn, die unser Verständnis eines Textes leitet, ist nicht eine Handlung der Subjektivität, sondern bestimmt sich aus der Gemeinsamkeit, die uns mit der Überlieferung verbindet.« (WM 277) Und diese Gemeinsamkeit ist nach Gadamer nicht eine ahistorische Voraussetzung des Verstehens; sie ist vielmehr in unserem Verhältnis zur Überlieferung in beständiger Bildung begriffen. »Sie ist nicht einfach eine Voraussetzung, unter der wir schon immer stehen, sondern wir erstellen sie selbst, sofern wir verstehen, am Überlieferungsgeschehen teilhaben und es dadurch selber weiter bestimmen. Der Zirkel des Verstehens ist also überhaupt nicht ein ›methodischer‹ Zirkel, sondern beschreibt ein ontologisches Strukturmoment des Verstehens.« (WM 298 f.)

Die hermeneutische Bedingtheit des Verstehens, wie sie in der Lehre von der zirkulären Struktur des Verstehens formuliert ist, bildet so die Vermittlung von Geschichte und Gegenwart ab, »die aller historischen Abständigkeit und Verfremdung vorausliegt. Die Zugehörigkeit des Interpreten zu seinem ›Text‹ wie die des menschlichen Geschicks zu seiner Geschichte ist offenbar ein hermeneutisches Grundverhältnis«, das sich in den geschichtlichen Wissenschaften genauso nachweisen läßt wie in den mathematischen Naturwissenschaften. (H 434)

Nun stimmt Gadamer mit Heidegger zwar darin überein, daß der hermeneutische Zirkel als ein »ontologisches Strukturmoment des Verstehens« aufzufassen ist. Er ergänzt Heideggers Ausführungen über die Zirkularität des Verstehens jedoch dahingehend, daß der so verstandene hermeneutische Zirkel »eine weitere hermeneutische Konsequenz« hat, die bei Heidegger in ihrer Tragweite weitestgehend unberücksichtigt blieb, die Konsequenz nämlich, daß dieser Zirkel, der im Sinne eines »hermeneutischen Grundsatzes« verstanden werden müsse, mit einem weiteren hermeneutischen Grundsatz korreliert, der sich bei näherer Betrachtung als ein hermeneutisches Interpretationsprinzip erweist. Schon in der Festschrift zum 70. Geburtstag von Heidegger hat Gadamer in seinem Beitrag *Der Zirkel des Verstehens* auf den sachlichen Zusammenhang zwischen dem hermeneutischen Zirkel und dem besagten hermeneutischen Grundsatz verwiesen und betont, daß »der inhaltliche Sinn des Zirkels von Ganzem und Teil, der allem Verstehen zugrunde liegt«, durch eine »weitere Bestimmung« ergänzt werden müsse, die Gadamer als »Vorgriff der Vollkommenheit« bezeichnet hat. (ZV 61 f., WM 299)

5. Der »Vorgriff der Vollkommenheit«

Ob der hermeneutische Zirkel wirklich ontologisch interpretiert werden muß, ist eine Frage, auf die hier nicht eingegangen werden kann. Verstehenstheorien, die nicht von Heidegger beeinflußt sind, aber ebenfalls den Zirkel des Verstehens kennen, werden in der ontologischen Interpretation des hermeneutischen Zirkels eine inkonsequente Abkehr von den Prämissen der Bewußtseinsphilosophie erblicken. Unkontrovers dürfte jedoch die These sein, daß jedes deutende Verstehen eine zirkuläre Struktur hat und durch derartige Vorgriffe bzw. Unterstellungen geleitet ist. Auch im Kontext der analytischen Philosophie hat man mittlerweile erkannt, daß jedes deutende Verstehen vom Interpreten verlangt, die Äußerungen des Sprechers soweit wie irgend möglich als konsistent und als wahr zu interpretieren.[50] Daher müssen wir klären, was genau der »Vorgriff der Vollkommenheit« eigentlich meint und inwieweit sich dieser Vorgriff als ein hermeneutisches Interpretationsprinzip verstehen läßt.

Gadamer nannte den »Vorgriff der Vollkommenheit« ein »Axiom aller Hermeneutik« (WM 376). Dieses Axiom drückt im Kontext seiner Verstehenstheorie zweierlei aus. Es besagt erstens, daß das, was der vorliegende Text sagt, die »vollkommene Wahrheit« ist; und es besagt zweitens, daß nur »das verständlich ist, was wirklich eine vollkommene Einheit von Sinn darstellt«. Diese unterschiedenen Aspekte des »Vorgriffs der Vollkommenheit« nennt Gadamer »inhaltlich« und »formal« (WM 299, ZV 60 ff.), wobei sich der inhaltliche Aspekt dieses Axioms auf die Wahrheit des

Geschriebenen bezieht und der formale Aspekt auf den Sinn des Geschriebenen.

Diese Voraussetzung der Vollkommenheit, die in einen inhaltlichen und in einen formalen Aspekt zerfällt, machen wir nach Gadamer »immer, wenn wir einen Text lesen, und erst wenn diese Voraussetzung sich als unzureichend erweist, d.h. der Text nicht verständlich wird, zweifeln wir an der Überlieferung und suchen zu erraten, wie sie zu heilen ist« (WM 299). Also erst wenn Sinnzusammenhänge problematisch werden, müssen sie mittels hermeneutischer Vollkommenheitsunterstellungen »repariert« werden. Und dies ist genau dann der Fall, wenn die »generelle Voraussetzung« des Verstehens, »daß jemand, der die gleiche Sprache spricht, die Worte, die er gebraucht, in dem mir vertrauten Sinn nimmt«, »im Einzelfall fraglich« wird – beispielsweise weil er »die Worte, die er gebraucht«, diesmal nicht »in dem mir vertrauten Sinn nimmt« (etwa weil ihm eine Freudsche Fehlleistung oder ein Lapsus linguae unterläuft), so daß der Interpret die Erfahrung macht, daß der Text »keinen Sinn ergibt« (WM 272). Erst jetzt, erst durch diesen Anstoß kann sich der Interpret zur »Revision seines Vorentwurfs« genötigt sehen. (WM 271) Interpretieren muß man erst da, »wo sich der Sinn eines Textes nicht unmittelbar verstehen läßt« – wobei dieser Sinn von Gadamer auch als der »eigentliche Sinn« des Textes bezeichnet wird, den der Interpret über »seinen wörtlichen Sinn hinaus« zu ermitteln hat. (WM 342)

Der inhaltliche Aspekt

Nun scheint die Pointe des inhaltlichen Aspekts auf den ersten Blick vergleichsweise klar. Die »vollkommene Wahrheit« des Textes ist eben die Wahrheit des Textes, wobei auf den zweiten Blick jedoch mindestens dreierlei klärungsbedürftig ist: erstens, wie dieser Aspekt »ins Spiel kommt, wenn der auszulegende Text aus Frage- oder Befehlssätzen besteht«[51] bzw. wenn er ironisch oder metaphorisch zu verstehen ist (WM 300), zweitens, wie sich dieser Aspekt zu einer offenkundigen Falschheit des im Text Behaupteten verhält, und drittens, ob eine derartige Wahrheitsunterstellung, die sich ausschließlich auf den Wahrheitsgehalt des Textes (oder des Gesagten) bezieht, also nicht auf die Überzeugungen des Autors (oder Sprechers), interpretativ überhaupt gehaltvoll ist.

Unter Hinzuziehung der These, daß »Verstehen Einverständnis impliziert«, läßt sich jedoch die inhaltliche Seite dieses Axioms weiter aufklären, da es sich bei diesem Einverständnis offenkundig um eine Übereinstimmung in Wahrheitsfragen handelt. Nun kann die Implikationsthese aber keine strikte Übereinstimmung in Wahrheitsfragen fordern. Denn dies würde bedeuten, daß wir immer nur das verstehen, womit wir übereinstimmen, eine offenkundig absurde Schlußfolgerung. Und Gadamer selbst hat diese Übereinstimmung auch nicht im Blick. Mehrfach hat er festgestellt: »Wer verstehen will, braucht das, was er versteht, nicht zu bejahen.« (HIK 273) Die Implikationsthese ist also nicht als Konsensimplikation zu verstehen, die sich ausschließlich auf den Wahrheitsgehalt des Textes bezieht. Wenn die Implikationsthese jedoch gar keine Übereinstimmung in Wahrheitsfragen fordert, die sich auf den Text im engeren Sinn bezieht, welche Übereinstimmung fordert sie dann?

Wolfgang Künne schlagt für die Implikationsthese eine erweiterte Fassung vor. Dann läßt sich die These, »daß Verstehen Einverständnis impliziert«, so lesen, daß »alles Verstehen [...] ein ›tragendes Einverständnis‹ voraus[setzt], dessen wir ›uns nur selten bewußt werden‹« – wobei sich Künne auf Gadamers Konzession berufen kann, daß selbst noch ein Dissens zwischen dem Interpreten und dem Textproduzenten einen tragenden Konsens voraussetzt. Und wenn »uns der tragende Konsens nicht immer bewußt ist«, kann er sich auch »nicht immer auf das beziehen, was der Text, unserer Deutung zufolge, sagt«[52]. Der inhaltliche Aspekt des »Vorgriffs der Vollkommenheit« bezieht sich danach auf die »inhaltlichen Vormeinungen«, die nach Gadamer unser hermeneutisches Vorverständnis ausmachen. (WM 272 f.)

Dieses Vorverständnis ist strenggenommen allerdings kein Vorgriff, sondern eine Präsupposition des Verstehens, auf deren Basis dann die entsprechenden Deutungsversuche unternommen werden. Die Implikationsthese muß demnach so verstanden werden, daß sich die hier angesprochene Übereinstimmung als eine *Ermöglichungsbedingung* des deutenden Verstehens auf das hermeneutische Vorverständnis bezieht. Auf keinen Fall kann sie allein auf den Wahrheitsgehalt des Textes bezogen sein. Wenn der inhaltliche Aspekt des »Vorgriffs der Vollkommenheit« nämlich lediglich den Wahrheitsgehalt des Textes betreffen würde, wäre er interpretativ gehaltlos. Interpretativ gehaltvoll wird er nämlich erst dann, wenn sich die Wahrheitsunterstellung auch auf die Überzeugungen des Autors bezieht. Und Gadamer selbst scheint dies auch so zu sehen – trotz der Tendenz, daß bei ihm beständig der »Text seine Meinung vollkommen aussprechen soll«. So wie »wir Nachrichten eines Korrespondenten glauben, weil er dabei war oder es sonst besser weiß, so sind wir grundsätzlich der Möglichkeit offen, daß ein überlieferter Text es besser weiß, als die eigene Vormeinung gelten lassen will« (WM 299). Im gegebenen Fall wird also unterstellt, daß ein Satz S wahr *ist*, wenn der Korrespondent S für wahr hält. Die Bedingungen, unter denen ein Sprecher einen Satz für wahr hält, sind die Wahrheitsbedingungen eines Satzes. Von den Wahrheitsbedingungen führt nun ein Weg zum Verstehen der sprachlichen Bedeutungen. Denn wir verstehen ja einen Satz dann, wenn wir »wissen, was der Fall ist, wenn er wahr ist«[53]. Und da einzelne Aussagen nicht isoliert auftreten, sondern »dem Ganzen einer geschichtlichen Existenz« zugehören, müssen wir, »wenn wir einen Satz als solchen vergegenwärtigen wollen, seinen historischen Horizont mitvergegenwärtigen« (W 55) – eine These, die Wittgenstein auf die Formel brachte: »Einen Satz verstehen heißt eine Sprache verstehen.«

Also zumindest im vorliegenden Fall rechnet Gadamer damit, daß der Sprecher das, was er sagt, auch für wahr hält, und daß es obendrein wahr ist – und zwar völlig zu Recht. Denn der Rekurs auf das, was ein Sprecher für wahr hält, und auf das, was tatsächlich wahr ist, ist nicht insofern wichtig, als die Wahrheitsunterstellung dazu dient, die Wahrheit bezüglich des Textes festzustellen oder auf diese Wahrheit vorzugreifen, um sich diesem Vorgriff dann im Verlauf der Interpretation anzunähern. Sie dient vielmehr dazu, ein deutendes Verstehen zu ermöglichen – wobei der »Vorgriff der Vollkommenheit« hilft, »das Problem der Interaktion von Bedeutung und Überzeugung zu lösen«, indem er die Freiheitsgrade, »die Überzeugungen erlaubt sind, einschränkt, während bestimmt wird, wie Worte zu interpretieren sind«[54].

Es gibt daher auch keinen Grund dafür, das, »was der Verfasser tatsächlich im Sinn hatte«, für hermeneutisch belanglos zu erklären. Wir müssen unterstellen, daß der Autor das, was er sagt, auch für wahr hält – und daß dies in den meisten Fällen sogar wahr ist. Der »Vorgriff der Vollkommenheit« wird also erst dann wirklich zu einem hermeneutischen Verstehensprinzip, wenn die Überzeugungen des Autors mit dem Text über Wahrheits- bzw. Behauptbarkeitsunterstellungen im Sinne des hermeneutischen Zirkels korreliert werden (als intratextueller Zirkel von Ganzem und Teil und als das zirkulär bestimmte Verhältnis von Text und Kontext). Denn erst unter dieser Voraussetzung kann garantiert werden, daß ein Interpret seine Gedanken auf genau dieselben Gegenstände richtet wie der Autor, so daß er mit ihm über die »Horizontverschmelzung« eine Welt intersubjektiv teilen kann.

Der formale Aspekt

Zu klären wäre nun immer noch, wie sich dieser erste Teilaspekt des »Axioms aller Hermeneutik« zu dem »formalen Aspekt« dieses Axioms verhält. Um diese Frage zu beantworten, ist es zunächst einmal erforderlich, diesen formalen Aspekt hinsichtlich seiner Pointe näher zu bestimmen. Worin also besteht die »formale« Vollkommenheit, die ein Interpretierender unterstellt? Gadamers äußerst knapp gehaltene Ausführungen sind hier nicht sehr hilfreich. Denn an der These, daß es sich bei dem vorliegenden Text um »eine vollkommene Einheit von Sinn handelt«, ist zumindest dreierlei unklar: erstens, was das überhaupt ist, eine »vollkommene Einheit von Sinn«; zweitens, ob nicht auch Texte, die eine weniger »vollkommene Einheit von Sinn« darstellen, verstanden werden können; und drittens, wieviel weniger dieses Weniger an Vollkommenheit sein kann, damit Texte noch interpretierbar sind. Klar scheint jedoch, daß die These, der zu deutende Text spreche »seine Meinung voll aus«, offenkundig absurd ist – zumindest wenn sie wörtlich verstanden wird –, da ja Texte in aller Regel keine Bekenntnisse hinsichtlich ihrer Meinung zum Ausdruck bringen. Oder aber die These ist metaphorisch zu verstehen. Dann muß die Metapher ausgewickelt werden, damit über ihre Plausibilität entschieden werden kann.

Wir haben gesehen, daß sich der inhaltliche Aspekt dieses Axioms nicht nur auf den Wahrheitsgehalt des Textes, sondern auch auf die Überzeugungen des Autors beziehen muß, da andernfalls dieses Axiom hermeneutisch steril wäre. Gegenüber der Wahrheit des Textes spielen jedoch die Überzeugungen und die Intentionen des Autors bei Gadamer eine vergleichsweise geringe Rolle. Da Gadamer die »seelische Verfassung des Autors« bzw. Sprechers mit der »Subjektivität des Meinens« identifiziert, muß er das deutende Verstehen ohne Rekurs auf die Autorintentionen aufklären. Denn er hält den »Rückgang auf die Subjektivität des anderen« für einen Rückfall in den Psychologismus. Nun wird man ihm zwar nicht widersprechen wollen, wenn er sich weigert, »die Meinung des Sprechers als Maßstab des Verstehens zu hypostasieren« (ZPD 19). Der Sinn dessen, was ein Sprecher mit einem »Satz« oder »Text« jeweils »im Auge hatte« (WM 378), ist auf der Ebene der sprachlichen Bedeutungen niemals ein privater, sondern immer ein intersubjektiv geteilter Sinn. Es gibt aber deshalb noch lange keinen Grund, in den gegenteiligen Fehler zu verfallen und die Meinung des Sprechers für belanglos zu erklären, da Sprecher in aller Regel entsprechend ihrer Sprecherintentionen verstanden werden wollen – und ja tatsächlich auch verstanden werden. Der Interpret muß folglich herausbekommen, was ein Sprecher mit einer Äußerung meint bzw. meinen könnte, um diese Äußerung verstehen zu können. Denn ansonsten würde das »Wunder des Verstehens« (WM 297), das aufzuklären die selbstgestellte Aufgabe der philosophischen Hermeneutik ist, ein reines Wunder bleiben.

Selbst wenn man also Gadamers ausdrückliche Unterscheidung zwischen dem, »was der Verfasser tatsächlich im Sinn hatte« (WM 378), und dem, was der Text »meint«, »sagt« oder »spricht« (WM 391, 299, 378), unberücksichtigt läßt und die letzten Äußerungen nur metaphorisch versteht, selbst dann macht der »Vorgriff der Vollkommenheit« offenkundig nur unter der Voraussetzung einen Sinn, daß der Interpret annimmt, daß der Autor das, was er sagt, auch für wahr hält, und daß dies in den meisten Fällen auch wahr ist. Verständlich nennen wir deshalb eine Äußerung auch nur dann, wenn wir sie als den Ausdruck einer Überzeugung auffassen, ganz unabhängig davon, ob wir diese teilen oder nicht. Denn nur unter dieser Bedingung ist der Interpret überhaupt in der Lage, die Äußerungen mit den Überzeugungen des Autors zu korrelieren (im Sinne des hermeneutischen Zirkels von Ganzem und Teil), auf Sachverhalte in der Welt zu beziehen (im Sinne des Zirkels von Text und Kontext) und über die Wahrheits- bzw. Behauptbarkeitsbedingungen den Sinn und die Bedeutung der Äußerung zu erschließen. Würde man dagegen davon ausgehen, daß die Äußerungen eines Autors allesamt falsch sind, würde nicht nur unsere Wahrheitsunterstellung zusammenbrechen, sondern auch unsere Unterstellung, daß es sich bei diesen Äußerungen überhaupt um eine verstehbare »Sinneinheit« handelt. Dies jedoch bedeutet, daß es unter diesen Umständen einem Interpreten gar nicht mehr klar werden könnte, weshalb ein Autor unter den gegebenen Umständen sich so und nicht anders äußert, so daß ihm die Äußerungen des Autors schlicht unverständlich bleiben würden.[55]

Der inhaltliche Aspekt des »Vorgriffs der Vollkommenheit« läßt sich also als eine Wahrheitsunterstellung verstehen, die sich dann allerdings nicht auf den vollkommenen Wahrheitsgehalt des Textes bezieht, sondern darauf, daß die Bedingungen, unter denen ein Autor einen Text für wahr hält, Bedingungen sind, unter denen der Text auch wahr ist; während sich der formale Aspekt als eine Kohärenzunterstellung verstehen läßt, die die Wahrheitsunterstellung umgreift, da die vorgreifende Unterstellung formaler Vollkommenheit nicht nur bei wahrheitsdefinierten Aussagesätzen zur Anwendung kommen kann. Beide Unterstellungen, die Wahrheits- und die Kohärenzunterstellung, sind Unterstellungen. Sie sind allerdings nicht identisch.

Denn selbst wenn das im Text Gesagte offenkundig falsch ist, wenn also unsere Wahrheitsunterstellung bezüglich des Textes oder des Gesagten zusammenbricht und zurückgezogen werden muß, weil der Versuch als gescheitert angesehen werden muß, »das Gesagte als wahr gelten zu lassen« (WM 299), bricht nicht automatisch auch unsere Konsistenzunterstellung zusammen. Wir halten nämlich Autoren und Sprecher, die effektiv falsche

Behauptungen aufgestellt haben, deshalb noch nicht für »närrisch«. Für »närrisch« halten wir allenfalls Personen, deren Texte bzw. Äußerungen für uns überhaupt keinerlei Sinn machen, wobei diese Personen dann von uns noch nicht einmal mehr als Autoren und Sprecher angesehen werden können, da wir ihnen allenfalls noch die Fähigkeit zur Papierverschmutzung bzw. zur Geräuschproduktion zuschreiben werden, nicht aber mehr vernünftige Überzeugungen – wobei dieses überschrittene Maß an »hermeneutischer Billigkeit (aequitas hermeneutica)«[56] kein dem Verstehensprozeß externes Maß ist. Sowenig wie der Satz »Alles verstehen heißt alles verzeihen« gelten kann, sowenig kann seine Umkehrung gelten! Denn alles verzeihen heißt nicht, alles zu verstehen! Und es kann ja auch nicht allen Ernstes gefordert sein, die Grenzen der hermeneutischen Nachsichtigkeit so weit auszudehnen, bis wir selbst dabei »närrisch« werden. Ein gewisses Maß an Konservatismus muß auch dem Nachsichtigsten erlaubt sein.

Der Text, der verstanden werden soll, braucht also gar keine *vollkommene* »Einheit von Sinn« zu sein. Er muß lediglich sinnvoll sein, zumal sich die Differenz zwischen einer sinnvollen sprachlichen Einheit und einer etwas weniger »vollkommenen Einheit von Sinn« (etwa im Fall einer Freudschen Fehlleistung oder eines Lapsus linguae) ohnehin nur über die Interpretierbarkeit dessen, was ein Autor bzw. Sprecher sinnvollerweise gemeint haben könnte, explizieren läßt. Das besagte Weniger an der als vollkommen bezeichneten »Einheit von Sinn« darf niemals solche Ausmaße annehmen, daß sich die vernünftigen Überzeugungen, die ja nie einzeln, sondern immer nur im Kollektiv auftreten, gänzlich verflüchtigen – womit zunächst unsere erste und dritte Frage beantwortet wären. Aber auch die zweite Frage, ob nicht auch Texte, die eine weniger »vollkommene Einheit von Sinn« darstellen, verstanden werden können, ist beantwortet: Sie können verstanden werden. Dabei konnten wir feststellen, daß wir beim Deuten von Texten strenggenommen gar nicht auf eine »vollkommene Einheit von Sinn« vorgreifen, sondern einfach nur unterstellen, daß das, was der Autor bzw. Sprecher sagt, zum größten Teil wahr und sinnvoll ist – wobei das, was wahr ist, immer sinnvoll und verstehbar sein muß, während das, was sinnvoll und verstehbar ist, nicht notwendig wahr sein muß.

Diese Deutung des formalen Aspekts des »Vorgriffs der Vollkommenheit« läßt sich mit einem Hinweis von Gadamer vereinbaren, daß es die »Aufgabe« des Interpreten ist, »in konzentrischen Kreisen die Einheit des verstandenen Sinns zu erweitern«, und daß die »Einstimmung aller Einzelheiten zum Ganzen [...] das jeweilige Kriterium für die Richtigkeit des Verstehens« ist. (WM 297) So wäre es beispielsweise sinnlos, eine Anzahl von Sätzen als Sätze über Hunde anzusehen, wenn dazu einige weitere Sätze so interpretiert werden müßten, daß Hunde Federn und zwei Beine haben, Eier legen und gackern. Der formale Aspekt dieses Axioms, der den inhaltlichen Aspekt umgreift und von diesem nicht »ablösbar« sein soll, wäre demnach als eine Kohärenzunterstellung zu verstehen, die sich auf die »Einstimmigkeit aller Einzelheiten zum Ganzen« bezieht.

Der formale Aspekt des »Vorgriffs auf Vollkommenheit« läßt sich bei Gadamer also in einer zweifachen Weise verstehen: Er läßt sich im Sinne einer Kohärenzunterstellung verstehen, die den inhaltlichen Aspekt umgreifen soll; und er läßt sich als eine These verstehen, die den Text selbst zum Subjekt macht, insofern dieser »seine Meinung voll ausspricht«. Da nun aber diese zweite Lesart interpretativ nicht gehaltvoll ist, kann sich der formale Aspekt des Axioms eigentlich nur auf zwei Bereiche beziehen: erstens auf die Kohärenz des Textes (und damit zugleich auch auf die Überzeugungen des Autors) und zweitens auf die Kohärenz des hermeneutischen Vorverständnisses, das den Autor und den Interpreten verbindet.

Und in der Tat: Um den Sinn eines Textes zu verstehen, muß der Interpret das Ganze und die Bedeutung seiner Teile kennen und zudem wissen, was der Autor in einem gegebenen Kontext mit seinem Text meint, was nach Gadamer nicht beliebig sein kann, da innerhalb der »Vielfalt des ›Meinbaren‹, d.h. dessen, was ein Leser sinnvoll finden kann und insofern erwarten kann, [...] doch nicht alles möglich« ist. (WM 273) Er muß folglich den intendierten »Witz« des Textes richtig verstehen – bei vorausgesetzter wörtlicher Bedeutung seiner Teile (was nichts anderes heißt, als daß jemand, der »die gleiche Sprache spricht, die Worte, die er gebraucht, in dem mir vertrauten Sinn nimmt«).

Ist dies annähernd richtig, dann wird in Deutungsprozessen, in denen ein kommunikativer Sinn ermittelt werden soll, nicht auf eine »vollkommene Einheit von Sinn« vorgegriffen, etwa in Gestalt einer »transzendenten Sinnerwartung« (WM 299); vielmehr wird bei vorausgesetzter wörtlicher Bedeutung mittels Wahrheits- und Kohärenzunterstellungen die kommunikative Intention eines Autors ermittelt, wobei der Interpret auch auf dieser Ebene zu einer Korrektur von Deutungshypothesen genötigt sein kann[57], da es für diese Sinnermittlung keine allgemeinen Regeln oder Methoden gibt. Hier helfen uns allein unser Verstand, unsere Klugheit und mitunter auch das Glück.

6. Hermeneutisches Vorverständnis und Horizontverschmelzung

Wir haben bereits festgestellt, daß Verstehen ohne Vorverständnis nicht möglich ist. Diese mittlerweile beinahe triviale These, die sich gegen den falschen Objektivismus eines vorurteilsfreien Sinnverstehens richtet, verschränkt Gadamer mit der weiterreichenden These, daß das Verstehen als ein über- oder transsubjektives Geschehen aufzufassen sei, das die in Verstehensvollzüge involvierten Subjekte eher erleiden, als daß sie es aktiv gestalten. Diese Über- bzw. Transsubjektivität des Verstehens begründet Gadamer im Anschluß an Heidegger mit Rekurs auf die *ontologische Dimension der Sprache,* deren Analyse schließlich auch die These von der Universalität der Hermeneutik begründen soll.

Gegen diese Ontologisierung der Sprache und die damit verbundene Hypostasierung des Überlieferungszusammenhangs ist vielfach Protest erhoben worden. Die Frage, die es für uns daher zu klären gilt, lautet: Vermag die Hintergrundthese, also die These, daß jedes Verstehen an ein Vorverständnis zurückgebunden bleibt, die wesentlich stärkere These von der Über- oder Transsubjektivität des Verstehens im Sinne eines Geschehens zu stützen? Wenn sich diese These tatsächlich begründen ließe, dann müßte sich nicht nur zeigen lassen, daß sich in allen Verstehensprozessen ein übersubjektives Moment festmachen läßt (etwa in Form einer intersubjektiv geteilten Sprache), sondern auch, daß dieses übersubjektive Moment ereignisontologisch interpretiert werden muß.

Zur Stützung dieser These liefert Gadamer drei Argumente. Das erste Argument ist kritisch intendiert und richtet sich gegen den Versuch, die unterschiedlichen Perspektiven im Verstehen methodisch aufzulösen, um auf diesem Weg zu so etwas wie einem eigentlichen Sinn zu gelangen – beispielsweise im historischen Verstehen den Zeitenabstand, um dergestalt die Intentionen von sprechenden und handelnden Subjekten in den Griff zu bekommen. Das zweite Argument, mit dem Gadamer die These von der Übersubjektivität des Verstehens im Sinne eines Geschehensvollzugs plausibilisieren will, betont den holistischen Charakter des Vorverständnisses, von dem auch die reflexiven Leistungen des Subjekts im Sinne einer Zugehörigkeit zu einer historischen und kulturellen Tradition abhängig sind. Und das dritte Argument unterstreicht schließlich die Sprachlichkeit des Verstehens und schlußfolgert: Wenn die Sprache eine das einzelne Bewußtsein übersteigende Instanz ist, dann hat das Subjekt diese nicht in seiner Verfügung, also ist Verstehen ein übersubjektiver Geschehensprozeß.

Betrachten wir die drei Argumente etwas genauer. Gadamer zeigt zuerst, daß das objektivistische Paradigma der Autorintention kein angemessenes Modell des Verstehens bietet und daß der Versuch, die unterschiedlichen Perspektiven methodisch aufzulösen, ein aussichtsloses Unterfangen darstellt, da sich niemand aus seinem kontextbedingten Vorverständnis »herausreflektieren« kann. Genau dies jedoch wird innerhalb dieses Paradigmas versucht. Nach dem Modell der Autorintention verstehen wir einen Text oder eine sprachliche Äußerung nämlich genau dann, wenn wir das vom Autor oder vom Sprecher *Gemeinte* richtig auffassen.

Nun ist diese Auffassung nicht ganz falsch. Denn tatsächlich wollen Interpreten ja den Sinn des vom Autor oder Sprecher Gemeinten verstehen. Diese zunächst nicht ganz falsche Auffassung wird allerdings innerhalb des Paradigmas der Autorintention dadurch zu einer problematischen, daß das vom Autor »Gemeinte« psychologisch verstanden werden soll. Verstehen ist in der Perspektive dieser psychologischen Interpretation nämlich ein »divinatorisches Verhalten, ein Sichversetzen in die ganze Verfassung des Schriftstellers«. Oder anders gesagt: Verstehen ist eine »auf eine ursprüngliche Produktion bezogene Reproduktion« (WM 191), die in einer psychologischen Nachbildung von schöpferischen Akten gipfelt – wodurch es nach Gadamer überhaupt erst unter die Devise der Einfühlungshermeneutik gestellt werden konnte, »man müsse einen Autor besser verstehen, als er sich selber verstanden habe« (WM 300 f.).

Dementsprechend wird in dieser psychologischen Perspektive, die durch Schleiermacher verbindlich gemacht wurde und die Hermeneutik bis zu Dilthey prägte, das »Gedankengebilde, das wir als Rede oder als Text verstehen wollen, nicht auf seinen sachlichen Inhalt hin« verstanden. (WM 191) Denn es ist weniger »der Wortlaut und sein objektiver Sinn« als vielmehr die »Individualität des Sprechenden bzw. des Verfassers«, die hier den Ausgangspunkt für die hermeneutische Rekonstruktion des Sinns darstellt. Damit »überspringt« die Einfühlungshermeneutik die »Aufgabe der Vermittlung von Damals und Heute, von Du und Ich«, die Gadamer mit dem Begriff der Applikation bezeichnet hat. (WM 339) Auf diese Weise verbaut sich die Einfühlungshermeneutik selbst den Zugang zum Sinn und zur Bedeutung des Textes bzw. der Rede. Denn der »Bezug auf die Wahrheit [...], die im Text verborgen liegt und ans Licht soll« (WM 191), wird in dieser Perspektive zugunsten der psychologisch zu rekonstruierenden Intentionen des Autors bzw. Sprechers aufgegeben.

Genau damit wird jedoch auch der Bezug auf den »Gedanken« und seinen »sachlichen Inhalt« aufgegeben, von dem aus – im Gegensatz zu psychischen Intentionen – ein Weg zum Verstehen sprachlicher Bedeutungen führt. Ohne diesen Sach- und Wahrheitsbezug gibt es keine Möglichkeit, Texte oder sprachliche Äußerungen zu interpretieren. Mit der Aufgabe des Sach- und Wahrheitsbezuges würden wir also auch den Bezug auf den Sinn und die Bedeutung von Texten bzw. Äußerungen aufgeben. Autor- bzw. Sprecherintentionen sind uns nicht durch einen geheimnisvollen Akt der Einfühlung in die Seele des Autors bzw. Sprechers faßbar, sondern nur über ein Verständnis dessen, was Autoren und Sprecher schreiben und sagen – was auch der Grund dafür ist, daß sich die Frage, was Autoren bzw. Sprecher meinen, wenn sie sagen, was sie meinen, nicht mit Rekurs auf sprachunabhängige Intentionen klären läßt.

Das Sein des sprachlich ausdrückbaren Sinns hat keinen von seinem sprachlichen Ausdruck unabhängigen Status – so könnte man die hermeneutische Kritik an der Einfühlungshermeneutik zusammenfassen, eine Kritik, die sich auch noch gegen den Objektivismus von Frege und Husserl richtet, insofern hier dem sprachlichen Sinn ebenfalls ein Sein sui generis in Gestalt von »idealen, rein-logischen Einheiten, den Begriffen, Sätzen, Wahrheiten, kurz den logischen Bedeutungen« zugesprochen wurde, und zwar unabhängig von ihrem »Gedacht- und Ausgedrücktwerden«[58].

Wie jedoch leicht zu sehen ist, können diese zunächst berechtigte Kritik am Paradigma der Autorintention und der Verweis auf das alltägliche Verstehen auf dem Boden einer gemeinsam geteilten Lebenswelt noch nicht die weiterreichende These begründen, daß der Akt des Verstehens als ein Geschehen konzipiert werden muß, da hierfür ja im Verstehensvollzug selbst ein übersubjektives Moment festgemacht werden muß, das zudem nur in Geschehenskategorien angemessen gefaßt werden kann. Die berechtigte Kritik am Paradigma der Autorintention, die zugleich eine Kritik am intentionalistischen Verstehensmodell darstellt, leistet dies aber nicht. Denn diese Kritik zeigt lediglich, daß jedes Verstehen von einem kontextbedingten Vorverständnis ausgeht, das stets in Verstehensvollzüge eingeht und demzufolge nicht distanzierbar ist.

Hier kommt das zweite Argument ins Spiel. Dieses zweite Argument, das den holistischen Charakter des lebensweltlichen Vorverständnisses betont, von dem u.a. die reflexiven Leistungen des Subjekts im Sinne der Zugehörigkeit zu einer substantiellen Form der Sittlichkeit abhängen, funktioniert zunächst wie das erste auch. Das hermeneutische Bewußtsein bleibt stets an einen lebensweltlichen Kontext und dessen Sinnhorizont zurückgebunden, der sich nie restlos für ein Bewußtsein reflexiv vergegenwärtigen läßt. Wie die erste These, so ist auch die zweite These kritisch intendiert. Sie richtet sich ebenfalls gegen die Vorstellung, daß sich das erkennende und handelnde Subjekt aus den Verstrickungen in die lebensweltlichen Kontexte herausreflektieren kann. Im Anschluß an Heideggers Kritik der Bewußtseinsphilosophie attackiert Gadamer mit Rekurs auf die Lebenswelt und das hermeneutische Vorverständnis das Cartesianische Paradigma eines voraussetzungslosen, sprich vor-urteilslosen Anfangs, der von Descartes bis zu Husserl in begründungstheoretischer Hinsicht den Anspruch auf Letztbegründung abdecken sollte und in intersubjektivitätstheoretischer Hinsicht eine symmetrisch-intersubjektive Beziehung von »Dasein zu Dasein im Mitsein« plausibel zu machen hatte.[59]

Auch dieses Argument, das gegenüber dem Cartesianischen Paradigma die Situiertheit der Vernunft in lebensweltlichen Kontexten hervorhebt, scheint bis hierher unbestreitbar zu sein. Strittig ist in diesem Zusammenhang lediglich, wie weit die Kontextbezogenheit der Vernunft reicht und welche Konsequenzen sich in verstehens- und begründungstheoretischer Hinsicht aus dieser Kontextbezogenheit ergeben. An dieser Stelle bringt Gadamer das Argument des hermeneutischen Zirkels ins Spiel, so wie es Heidegger im Kontext von *Sein und Zeit* eingeführt hat: »Der Zirkel [...] beschreibt das Verstehen als das Ineinanderspiel der Bewegung der Überlieferung und der Bewegung des Interpreten. Die Antizipation von Sinn, die unser Verständnis eines Textes leitet, ist nicht eine Handlung der Subjektivität, sondern bestimmt sich aus der Gemeinsamkeit, die uns mit der Überlieferung verbindet.« (WM 277)

Mit diesem Argument gewinnt die These bereits Kontur, daß das Verstehen, im gegebenen Fall das historische Verstehen von Texten und Handlungen, als ein übersubjektiver Geschehensvorgang betrachtet werden muß. Die Rehabilitierung der Doxa, die bei Husserl und Heidegger im Rahmen der Lebensweltanalyse der Situierung der Vernunft in historische und soziale Kontexte diente[60], macht sich Gadamer zu eigen, um die These von der Übersubjektivität des Verstehens schärfer zu konturieren: »So erfüllt sich der Sinn der Zugehörigkeit, d.h. das Moment der Tradition im historisch-hermeneutischen Verhalten, durch die Gemeinsamkeit grundlegender und tragender Vorurteile. [...] Die Vorurteile und Vormeinungen, die das Bewußtsein des Interpreten besetzt halten, sind ihm als solche nicht zu freier Verfügung. Er ist nicht imstande, von sich aus vorgängig die produktiven Vorurteile, die das Verstehen ermöglichen, von denjenigen Vorurteilen zu scheiden, die das Verstehen verhindern und zu Mißverständnissen führen. Diese Scheidung muß vielmehr im Verstehen selbst geschehen.« (WM 279)

Nun scheint zumindest soviel unstrittig, daß das Verstehen nicht nach externen Kriterien beurteilt werden kann, daß das Urteilen nur möglich ist auf der Basis von Vor-Urteilen, daß sich die Überzeugungen eines Sprechers nicht völlig explizieren lassen und daß unser intuitives und implizites Hintergrundwissen in seiner Gänze nicht propositional strukturiert ist. Wie Heidegger und Wittgenstein in unterschiedlichen Zusammenhängen zeigten, ist es in unsere nichtpropositionalen Praktiken eingebettet, so daß sich weder die kontextabhängigen Überzeugungen, die ein Sprecher mit einer sprachlichen Äußerung unterstellt, noch die praktisch erworbenen Fertigkeiten im Sinne eines Know-how völlig explizieren lassen.

Strittig hingegen ist, ob sich daraus schon die These ableiten läßt, daß das Verstehen in Form eines übersubjektiven Geschehensvollzugs konzipiert werden muß und daß die Reflexion im Verhältnis zur Tradition notwendig eine untergeordnete Rolle spielt. Gadamer ist offenkundig dieser Meinung. Dies hat ihm von Habermas den Vorwurf eingebracht, daß er »die hermeneutisch zu Bewußtsein gebrachte Kontextabhängigkeit des Sinnverstehens, die uns nötigt, jeweils von einem traditionsgestützten Vorverständnis auszugehen und in allem Belehrtwerden beständig neues Vorverständnis auszubilden, ontologisch zu einem unabwendbaren Primat der sprachlichen Überlieferung« umwendet.[61] Nach Habermas schlägt die zunächst berechtigte Rehabilitierung des Vorurteils in eine Hypostasierung des Überlieferungszusammenhangs um und wird damit zu einer Rehabilitierung des Vorurteils als solchem.

Nun sagt Gadamer aber auch, daß die subjektiven Leistungen des Interpreten und die objektiven Gehalte der Tradition sich im Gespräch vermitteln, wobei die Interpretationsleistungen des Interpreten das Nadelöhr darstellen, durch das die Tradition hindurch muß, so sie lebendig bleiben will. Denn Traditionen halten sich ja nicht von selbst am Leben, sondern allein dadurch, daß sie angeeignet und reproduziert werden. Traditionen bleiben daher auch nur solange lebendig, solange es für die nachfolgenden Generationen gute Gründe gibt, sie fortzusetzen. Die Frage, welcher von beiden Seiten dabei der Vorrang gebührt, der Tradition oder der zersetzenden Kraft der Reflexion, die im Mittelpunkt der

Kontroverse zwischen »Hermeneutik und Ideologiekritik« stand[62], ist jedenfalls erst dann zugunsten der Tradition und zuungunsten der Reflexion entschieden, wenn sich die hermeneutische Rationalität vollständig auf die Seite der Tradition schlagen läßt.

Hier setzt das dritte Argument von Gadamer an. Dieses Argument ist wohl das entscheidende in bezug auf die Frage, ob Gadamer die Rehabilitierung des Vorurteils in eine Hypostasierung des Überlieferungszusammenhangs umwendet und ob das Verstehen als ein über- oder transsubjektives Geschehen konzipiert werden muß. Die Antwort auf diese Fragen gibt er im Rahmen einer phänomenologischen Analyse des Verstehens, die auf das Prinzip der Wirkungsgeschichte abhebt und in eine hermeneutische Reflexion über die ontologische Verfaßtheit der Sprache mündet, da erst dann, wenn das Verhältnis von Sprache und Verstehen in einer ontologisch angemessenen Weise aufgeklärt ist, die bewußtseinsübersteigende Kraft und der transsubjektive Charakter des Verstehens zu verteidigen sind.

Wirkungsgeschichtliches Bewußtsein und Horizontverschmelzung

Im Zusammenhang mit der hermeneutischen Rehabilitierung des Vorurteils habe ich nicht nur auf die konstitutive Bedeutung der Vorurteile für das Verstehen hingewiesen, sondern auch darauf, daß die Spannung zwischen »Vertrautheit und Fremdheit, auf die sich die eigentliche Aufgabe der Hermeneutik gründet«, nicht psychologisch im Sinne der Einfühlungshermeneutik verstanden werden darf, da hier »das Verstehen als Reproduktion einer ursprünglichen Produktion gedacht war«. Weiterhin haben wir gesehen, daß Gadamer zufolge die Wirkung der fortlebenden Tradition und die Wirkung der historischen Forschung eine

»Wirkungseinheit« bilden, wobei Gadamer die historische Forschung nicht nur als ein Moment der Vermittlung von Vergangenheit und Gegenwart versteht, sondern als ein »Einrücken in ein Überlieferungsgeschehen«. Dieses Hineinwirken der Vergangenheit in die Gegenwart bringt er unter den Begriff der Wirkungsgeschichte, mit dem der systematische Kern der Gadamerschen Hermeneutik angesprochen ist.[63] Denn das Verstehen ist nach Gadamer ein wirkungsgeschichtlicher Vorgang.

Mit dem Prinzip der Wirkungsgeschichte, das Vergangenheit und Gegenwart verbindet, hat Gadamer ein »allgemeines Strukturmoment des Verstehens« angesprochen, wobei er in diesem Zusammenhang darauf aufmerksam macht, daß das hermeneutische Bewußtsein an bestimmte Voraussetzungen gebunden ist: »Die Tradition, zu deren Wesen selbstverständliche Weitergabe der Überlieferung gehört, muß fragwürdig geworden sein, damit sich ein ausdrückliches Bewußtsein der hermeneutischen Aufgabe, die Tradition anzueignen, bildet.« (VW 443)

Dieses Fragwürdigwerden von Traditionen scheint ein typisches Charakteristikum moderner Lebensformen zu sein. Gehört es doch zu den spezifischen Erfahrungen der Moderne, daß Gemeinschaften ihre Einheit nicht mehr allein aus jenen Konventionen gewinnen, die aus einer gemeinsamen Geschichte hervorgingen, also aus einem Ethos im klassischen Sinn, sondern immer auch aus den bewältigten Brüchen mit den eigenen Traditionen. Und genau diese Traditionsbrüche sind Grund und Anlaß der hermeneutischen Reflexion, die in diesem Sinne eine auf den Traditionsbruch der Moderne bezogene Reflexionsgestalt ist.[64]

Bedarf es also stets erst der »Erfahrung des Anstoßes«, damit sich ein ausdrückliches Bewußtsein der hermeneutischen Aufgabe bilden kann, dann sind hermeneutische Unternehmungen offenkundig *reaktive Unternehmungen*. Sie sind reaktiv auf die *Unterbrechung von Sinnzusammenhängen* bezogen. Solange Traditionen in ihrer Geltung nicht problematisch werden (beispielsweise weil sie unbemerkt abbrechen oder weil sie sich unbemerkt am Leben erhalten), gibt es kein hermeneutisch zu bewältigendes Problem. Erst wenn Traditionen fragwürdig werden und ihre Selbstverständlichkeit verlieren, »ist das Verstehen eine Aufgabe und bedarf der methodischen Leitung« (VW 443). Diese methodische Leitung ist nun aber nicht wieder im Sinne des Objektivismus zu verstehen. Denn auch dort, wo die Methoden der modernen historischen Wissenschaften sich durchgesetzt und die geschichtliche Überlieferung zum Objekt der Forschung gemacht haben, bleibt das wirkungsgeschichtliche Bewußtsein als ein Moment in allem Verstehen von Überlieferung bestehen.

Mit dem Begriff der Wirkungsgeschichte bzw. des wirkungsgeschichtlichen Bewußtseins macht Gadamer also auf zwei Seiten einer Medaille aufmerksam: erstens, daß »unser Bewußtsein wirkungsgeschichtlich bestimmt ist, d.h. durch ein wirkliches Geschehen bestimmt ist, das unser Bewußtsein nicht frei sein läßt im Sinne eines Gegenübertretens gegenüber der Vergangenheit«. Und zweitens, daß es daher gilt, »ein Bewußtsein dieses Bewirktseins immer wieder in uns zu erzeugen« (KG 142 f.; vgl. auch VW 444). Die Macht der Wirkungsgeschichte hängt nicht von ihrer Anerkennung ab. »Das gerade ist die Macht der Geschichte über das endliche menschliche Bewußtsein, daß sie sich auch dort durchsetzt, wo man im Glauben an die Methode die eigene Geschichtlichkeit verleugnet.« (WM 306) Mit der Wirkungsgeschichte bringt sich die ganze Macht der Überlieferung zum Ausdruck, der zu entkommen menschlichen Wesen nicht möglich ist. Deshalb ist das »wirkungsgeschichtliche Bewußtsein [...] auf eine unaufhebbare Weise mehr Sein als Bewußtsein« (RHI 247).

Dies ist auch der Grund, weshalb das wirkungsgeschichtliche Bewußtsein nicht zu einem spekulativen Selbstabschluß à la Hegel gelangen kann. »Daß Wirkungsgeschichte je vollendet gewußt werde, ist eine ebenso hybride Behauptung wie Hegels Anspruch auf absolutes Wissen, in dem die Geschichte zur vollendeten Selbstdurchsichtigkeit gekommen und daher auf den Standpunkt des Begriffs erhoben sei.« (WM 306)

Im Gegensatz zum Ideal einer »vollendeten Aufklärung«, die auf eine »vollständige Entgrenzung unseres historischen Horizonts« hinarbeitet – und damit »auf die Aufhebung der eigenen Endlichkeit in die Unendlichkeit des Wissens« (WM 347) –, geht es Gadamer darum, das wirkungsgeschichtliche Bewußtsein so zu denken, »daß sich im Bewußtsein der Wirkung die Unmittelbarkeit und Überlegenheit des Werkes nicht wieder zu einer bloßen Reflexionswirklichkeit auflöst, mithin eine Wirklichkeit zu denken, an der sich die Allmacht der Reflexion begrenzt« (WM 348). Gadamer will mit dem Begriff des wirkungsgeschichtlichen Bewußtseins die Hermeneutik von den »hybriden Konsequenzen des spekulativen Idealismus« freihalten, ohne in eine neue Form des Irrationalismus zu verfallen. In diesem Sinne hat auch die philosophische Hermeneutik »den Weg der Hegelschen Phänomenologie des Geistes« insoweit zurückgelegt, als auch sie »in aller Subjektivität die sie bestimmende Substantialität aufweist« (WM 307).

Das wirkungsgeschichtliche Bewußtsein erstellt also kein transparentes Bild von der Geschichte. Denn es weiß sich selbst von der Macht der Geschichte abhängig. Darum heißt »*Geschichtlichsein [...], nie im Sichwissen Aufgehen*« (WM 307). Das wirkungsgeschichtliche Bewußtsein ist »das geschichtlich erfahrene Bewußtsein, das, indem es dem Phantom einer völligen Aufklärung entsagt, eben damit für die Erfahrung der Geschichte offen ist«.

Als ein Bewußtsein von der eigenen Endlichkeit ist das wirkungsgeschichtliche Bewußtsein aber auch ein »Bewußtsein der hermeneutischen *Situation*« (WM 307). Das Bewußtsein der eigenen Endlichkeit und das der situativen Verankerung betrachtet Gadamer nicht als zwei voneinander unabhängige Sachverhalte, sondern als zwei Seiten einer Medaille. Denn das Charakteristische dieses Bewußtseins der hermeneutischen Situation ist es ja gerade, daß man weiß, daß man selbst in der Situation steht und daß diese bedingt und begrenzt ist!

Zu diesem »Begriff der Situation gehört [...] wesenhaft der Begriff des *Horizonts*«. Unter einem Horizont können wir zunächst einen Gesichtskreis verstehen, der all das umfaßt und umschließt, was von einem bestimmten Punkt aus sichtbar ist. Einen Horizont haben heißt daher, die Bedeutung all jener Dinge und Ereignisse zu verstehen, die innerhalb dieses Horizonts liegen. Der Horizontbegriff, der seine philosophische Karriere mit Nietzsche und Husserl machte, soll aber nicht nur die Standortgebundenheit des Denkens verdeutlichen. Wir sind nicht schicksalhaft in den Horizonten gefangen, die unser Denken bestimmen. Wer einen Horizont hat, kann diesen nämlich immer auch erweitern. Und das meint, neben der Bedeutung der bereits bekannten Dinge und Ereignisse nun auch die Bedeutung all jener Dinge und Ereignisse zu verstehen, die innerhalb eines erweiterten Horizonts in unser Blickfeld geraten sind. Mit dem Begriff des Horizonts ist sowohl die kontextuelle Verankerung des Verstehens als auch dessen kontexttranszendierende Kraft angesprochen.

Im Prinzip der Wirkungsgeschichte werden Gegenwart und Vergangenheit über die Horizontmetapher als miteinander vermittelt gedacht. Zwar muß jedes Verstehen einen Kontext rekonstruieren, in dem der zu verstehende Sachverhalt seinen Ort hat – in diesem Sinne hat die Rede von der Erarbeitung eines historischen Horizonts ihr relatives Recht. Das historische Verstehen entwirft ja tatsächlich ein Bild der Vergangenheit und hebt damit überhaupt erst das von seiner Gegenwart Abweichende heraus. Dies bedeutet jedoch nicht, daß wir deshalb von unseren »zeitgenössischen Maßstäben und Vorurteilen« absehen müßten, um das Vergangene in seiner vermeintlich wahren Bedeutung zu verstehen – eine Forderung, die häufig mit dem Argument gestützt wird, daß es sich bei diesen Maßstäben und Vorurteilen um ein verzerrendes, die Vergangenheit entstellendes Medium handle. Denn mit der Aufgabe unserer Maßstäbe und Vorurteile und mit der Aufforderung, alles nur noch historisch zu verstehen, geben wir gleichzeitig auch den Sach- und Wahrheitsbezug auf, der Autoren und Sprecher mit dem Interpreten über historische Zeiten und soziale Räume hinweg verbindet.

»Es ist genauso wie im Gespräch«, das wir mit jemandem nur deshalb führen, um herauszubekommen, welche Überzeugungen die betreffende Person hat, ohne daß wir uns wirklich auf diese Überzeugungen einlassen. Ein Gespräch, in dem die Überzeugungen und die Gründe für diese Überzeugungen keine Rolle mehr spielen, ist nach Gadamer jedoch »kein wahres Gespräch«. Denn in einem solchen Gespräch wird »nicht die Verständigung über eine Sache gesucht« (WM 308) – eine Einsicht, die sich bereits in Gadamers Habilitation finden läßt (PDE 30 f.).

An die Stelle der objektivierenden Distanzierung setzt die hermeneutische Reflexion daher den Wahrheits- und Sachbezug der sprachlichen Verständigung, die den Autor und den Interpreten über alle partikularen Horizonte hinweg miteinander verbindet. Wer sich in einem Gespräch nicht über die Sache verständigen will, was in der Regel erkennbar unterschiedliche Standpunkte voraussetzt, der hat sich aus »der Situation der Verständigung zurückgezogen« und den Anspruch aufgegeben, daß die Überlieferung uns etwas zu sagen hat. Für den Hermeneutiker ist das Paradigma für das Sprachverstehen die Verständigung. Die Begriffe des Verstehens und des Sich-über-eine Sache-Verständigens sind für ihn korrelative Begriffe. Sie sind nicht unabhängig voneinander explizierbar.

Die These von der Horizonthaftigkeit des Verstehens meint also nicht, daß die unterschiedlichen Standpunkte einfach weggeschmolzen würden, wenngleich dies vielfach gegen Gadamer behauptet wurde. Sie besagt vielmehr, daß sich das Gespräch auf Basis des Wahrheits- und Sachbezugs eine tragfähige Grundlage schafft. Dies ist zugleich auch der Grund, warum das Auslegen von Texten oder sprachlichen Äußerungen nicht beliebig ist. Es kann kein Einlegen eines beliebigen Sinns sein, da es begrenzt und geleitet ist von einem den Text mit dem Interpreten verbindenden Sach- und Wahrheitsbezug.[65]

Es gibt also gar keinen abgeschlossenen Vergangenheitshorizont, genausowenig wie es einen abgeschlossenen Gegenwartshorizont gibt. Die Verdinglichung von Horizonten verkennt die Kraft der Wirkungsgeschichte, der wir als Verstehende unterliegen, wenn wir die Vergangenheit verstehen wollen. Die Rede von einem Vergangenheitshorizont, in den sich hineinzuversetzen angeblich die hermeneutische Aufgabe darstellt, verkennt, daß dieser Horizont keine fixe Größe ist. Denn er verschiebt sich mit der Fortbildung des Gegenwartshorizontes, von dem aus wir die Vergangenheit »sehen« und verstehen. Genauso verschiebt sich aber auch unser Gegenwartshorizont durch die Konfrontation mit der Vergangenheit, so daß wir demzufolge auch die wenig plausible These von den in sich »geschlossenen Horizonten« verabschieden müssen; nach Gadamer handelt es sich hierbei um eine »romantische Rückspiegelung, eine Art Robinsonade der historischen Aufklärung«, die die hermeneutische Reflexion als eine Fiktion zu durchschauen hat.

»Wenn sich unser historisches Bewußtsein in historische Horizonte versetzt, so bedeutet das nicht eine Entrückung in fremde Welten, die nichts mit unserer eigenen verbindet, sondern sie insgesamt bilden den einen großen, von innen her beweglichen Horizont [...]. In Wahrheit ist es also ein einziger Horizont, der all das umschließt, was das geschichtliche Bewußtsein in sich enthält. Die eigene und fremde Vergangenheit, der unser historisches Bewußtsein zugewendet ist, bildet mit an diesem beweglichen Horizont, aus dem menschliches Leben immer lebt und der es als Herkunft und Überlieferung bestimmt.« (WM 309 f.)

Gadamer bestreitet also nicht, daß die Begegnung mit der Überlieferung als ein »Spannungsverhältnis zwischen Text und Gegenwart« erfahren wird. Im Gegenteil. Die hermeneutische Aufgabe besteht ja gerade darin, diese Spannung bewußt zu entfalten (auf der horizontalen Ebene des Verstehens hat dieses auf der vertikalen Ebene liegende Spannungsverhältnis zwischen den Epochen seine Entsprechung in der Spannung zwischen verschiedenen Lebensformen). Von daher gehört zum Verstehen der Vergangenheit notwendigerweise auch der Entwurf eines historischen Horizonts, der sich von der Gegenwart unterscheidet. Der Vergangenheitshorizont ist eine notwendige Projektion vom Standpunkt der Gegenwart.[66] Das historische Bewußtsein ist sich sehr wohl seiner eigenen Andersheit bewußt, wenn es den Horizont der Überlieferung von dem der Gegenwart abhebt. Es ist »wie eine Überlagerung über einer fortwirkenden Tradition, und daher nimmt es das voneinander Abgehobene sogleich wieder zusammen, um in der Einheit des geschichtlichen Horizonts, den es sich so erwirbt, sich mit sich selbst zu vermitteln«.

Deshalb sagt Gadamer, daß der Entwurf des historischen Horizonts auch nur ein »Phasenmoment im Vollzug des Verstehens« ist, das »nicht zu der Selbstentfremdung eines vergangenen Bewußtseins« verfestigt werden darf. Vielmehr gilt es zu begreifen, daß der Entwurf des historischen Horizonts immer wieder vom »eigenen Verstehenshorizont der Gegenwart eingeholt« wird. »Im Vollzug des Verstehens geschieht eine wirkliche Horizontverschmelzung, die mit dem Entwurf des historischen Horizontes zugleich dessen Aufhebung vollbringt.« (WM 311 f.) Die Wirkungsgeschichte trennt und verbindet Gegenwart und Vergangenheit – wobei nach Gadamer die »Sprache die ständige Synthesis zwischen Vergangenheitshorizont und Gegenwartshorizont« ist. (WW 56)

Dies ist auch der Grund, warum der Hermeneutiker hier nicht von einer Inkommensurabilität der Weltsichten im Sinne von Thomas S. Kuhn spricht. Zwar gehört seit Herder und Humboldt die These von der Sprache als einer Weltsicht zu den Grundeinsichten der Hermeneutik. Diese These läuft aber nicht notwendigerweise auf einen Sprachenrelativismus hinaus, so wie er auch heute noch in unterschiedlichen Varianten vertreten wird. Denn die sprachlich imprägnierten Weltsichten sind nicht gegeneinander abgeschottet, sondern in der und durch die Verschmelzung der Horizonte ineinander übersetzbar. Daher ist die eigene Sprachwelt und der ihr entsprechende Horizont auch keine »Schranke, die die Erkenntnis eines ›Ansichseins‹ verhinderte, sondern umfaßt grundsätzlich alles, wohinein sich unsere Einsicht zu erweitern und zu erheben vermag« (WM 450 f.).

Es ist in diesem Zusammenhang auch unter Hermeneutikern strittig, ob diese Horizont*verschmelzung* immer nur als eine Horizont*verschiebung* verstanden werden muß oder ob sie sich auch als eine Horizont*erweiterung* in dem Sinne verstehen läßt, daß frühere Horizonte überschritten oder falsifiziert werden können. Die Beantwortung dieser Frage hängt wesentlich davon ab, wie die Metapher von der Horizontverschmelzung ausbuchstabiert wird.

Folgen wir Gadamer, der den Begriff des Horizonts mit Rekurs auf die optische Wahrnehmung eingeführt hat, dann verbietet sich die Rede von einer Horizonterweiterung insofern, als man mit jedem neuen Blick, den man mit einem neuen Horizont gewinnt, stets etwas hinter sich läßt – ähnlich dem Schiffsreisenden, der sich beständig fortbewegt, den Horizont aber nie weiter ausdehnen kann, als es der Gesichtskreis unter den Bedingungen einer sich krümmenden Erdoberfläche zuläßt. »Erwerb und Verlust scheinen ineinander geflochten, und gerade darauf beruht die Geschichtlichkeit der Wirkungsgeschichte.«[67] Von einem Standpunkt zu sagen, daß er gegenüber einem anderen besser sei, ist in der Perspektive dieser Deutung insofern nicht möglich, als »frühere Horizonte [...] nicht überschritten oder falsifiziert« werden können[68] – was dann auch mit der These korreliert, daß wir nicht besser, sondern, entsprechend des sich verschiebenden Horizonts, immer nur anders verstehen.

Wenn die Metapher von der Horizontverschiebung in der und durch die Horizontverschmelzung also »optisch« am Modell der visuellen Wahrnehmung verstanden werden muß, d.h. ohne Rekurs auf die propositionalen Einstellungen jener, die an Verstehensprozessen beteiligt sind[69], scheint Gadamers These, daß Horizonte sich nicht erweitern, sondern immer nur verschieben, tatsächlich unangreifbar. Denn Erwerb und Verlust verhalten sich in dieser Deutungsperspektive proportional zueinander, weil ja jedem Erwerb ein Verlust zur Seite steht, durch den der Erwerb immer wieder aufgewogen wird. Die Dialektik von Erwerb und Verlust kennt zwar eine Veränderung des standortbedingten Horizonts, die sich analog zum Schiffsreisenden an der Fortbewegungsgeschwindigkeit des Schiffes bemißt. Sie kennt aber keine Entwicklung, da jeder Horizontgewinn unweigerlich durch einen Horizontverlust kompensiert wird.

Die Frage freilich ist, ob die Metapher von der Horizontverschmelzung in dieser Weise verstanden werden muß. Und ich denke, daß diese Metapher tatsächlich anders verstanden werden kann – und daß die These von der Horizontverschmelzung dabei sogar einen besseren Sinn bekommt als in der optischen Deutungsperspektive.

Läßt sich nämlich die Horizontverschmelzung als Aufnahme der Ausdrucks- und Wahrheitsmöglichkeit einer Sprache durch eine andere verstehen[70], also nicht als ein übersubjektives »Sinn-Geschehen«, sondern als ein von kompetenten Sprechern erbrachter Prozeß der *Welterschließung*, und läßt sich dieser Prozeß zudem als *Lernprozeß* verstehen, dann scheint es sehr wohl möglich, von einer Horizonterweiterung durch die Horizontverschmelzung zu sprechen. Denn in dieser Deutungsperspektive läßt sich nicht mehr dafür argumentieren, daß, analog zum optischen Modell der Wahrnehmung, der Erwerb beständig durch den Verlust aufgewogen würde. Zwar wird man weiterhin zugeben müssen, daß das Wissen und die Fertigkeiten, die einen Horizont erweitern, immer auch wieder verlorengehen können – und dies geschieht immer dann, wenn Traditionen keine Fortsetzung finden und abbrechen. Dieses Abbrechen von Traditionen ist aber nicht notwendigerweise komplementär zum Erwerb neuer Fertigkeiten oder neuer Wissensbestände. Es gibt keine Logik, die festlegt, daß die Dialektik von Erwerb und Verlust als ein Nullsummenspiel konzipiert werden müßte, in dem sich Erwerb und Verlust die Waage halten. Genau dies müßte aber der Fall sein, wenn die These akzeptabel sein soll, daß sich Horizonte immer nur verschieben, nie aber erweitern.

Sprache und Spiel

Wie immer man nun die Horizontmetapher am besten ausbuchstabiert, die Frage, die wir klären wollten, nämlich ob bei Gadamer die berechtigte Rehabilitierung des Vorurteils in eine Hypostasierung des Überlieferungszusammenhangs umschlägt und ob das Verstehen als ein über- oder transsubjektives Geschehen konzipiert werden muß, ist mit dem Rekurs auf die bewußtseinsübersteigende Kraft der Wirkungsgeschichte allein noch nicht beantwortet. Zwar wurde mit dem Prinzip der Wirkungsgeschichte die These vom Primat der Tradition gegenüber der Reflexion weiter konkretisiert. Von daher kann man gegenüber der Bewußtseinsphilosophie von einer Einschränkung überzogener Ansprüche sprechen, insofern Gadamer mit dem Prinzip der Wirkungsgeschichte die Abhängigkeit der geschichtlichen Existenz des Menschen von unverfügbaren Voraussetzungen betont. Die Argumente, die für die Einschränkung überzogener Ansprüche sprechen, sind jedoch nicht gleichbedeutend mit den Argumenten, die für eine ontologische Deutung des Verstehens im Sinne eines Geschehens sprechen.

Trotz einiger Andeutungen Gadamers kann daher auch die These, daß sich das Verstehen »*selber als ein Geschehen*« erweist (WM 314), noch nicht als hinreichend begründet angesehen werden. Denn bisher wurde ja lediglich gezeigt, daß »unser Bewußtsein wirkungsgeschichtlich bestimmt ist«. Zu zeigen ist jetzt, daß das über- oder transsubjektive Moment, welches sich nach Gadamer in allen sprachlichen Verstehensprozessen festmachen läßt, als ein Geschehen verstanden werden muß, das jene Subjekte, die in diese Verstehensprozesse involviert sind, eher erleiden, als daß sie es aktiv gestalten. Offenkundig hängt viel davon ab, was genau unter einer »ontologischen Deutung« der Sprache zu verstehen ist, die bei Gadamer Gegenwart und Vergangenheit verbindet.

Um die These von der Über- oder Transsubjektivität des Verstehens zu begründen, greift Gadamer auf einen Begriff zurück, den er am »Leitfaden« einer »ontologischen Explikation« entwickelt – auf den Begriff des Spiels. Im Rahmen seiner Argumentation stellt dieser Begriff zunächst das Junktim zwischen der Sprache und der Kunst dar, insofern beide als Spiel angemessen verstanden werden sollen. Nun geht es hier aber nicht nur um den sicherlich nicht unwichtigen Zusammenhang zwischen Sprache und Kunst, dies wäre quasi nur die eine Seite der Medaille, die Gadamer im Rahmen einer Kritik am ästhetischen Bewußtsein konkretisiert hat. Die andere und in unserem jetzigen Zusammenhang wohl wichtigere Seite ist die, daß mit Rekurs auf den Spielbegriff die These profiliert wird, daß Verstehensprozesse als Geschehensprozesse verstanden werden müssen. »Denn in diesem Begriff vereinigen sich das Ineinanderspiel von Geschehen und Verstehen, aber auch die sprachlichen Spiele unserer Welterfahrung überhaupt, wie sie Wittgenstein in metaphysikkritischer Absicht thematisiert hat.« (NW 456)

Gadamer, der in diesem Zusammenhang wiederholt auf eine Konvergenz seiner »in den dreißiger Jahren konzipierten Ideen zum Spielbegriff« mit dem Spielbegriff des späten Wittgenstein hinwies (ZPD 5), greift auf diesen Begriff vor allem deshalb zurück, um die hermeneutische Verstehenstheorie dem »subjektivistischen Denkansatz der Moderne entgegenzusetzen« und »die hermeneutische Dimension als ein Jenseits des Selbstbewußtseins sichtbar zu machen« (ZPD 5). So wie das Spiel »nicht im Bewußtsein des Spielenden« aufgeht und insofern »mehr als ein subjektives Verhalten« ist, so geht auch die »Sprache [...] nicht im Bewußtsein des Sprechenden auf und ist insofern mehr als ein subjektives Verhalten« (VW 446). Denn die Sprache gründet ja gemäß der hermeneutischen Grundthese im Gespräch. Oder, wie Gadamer auch sagt: *»Die Sprache ist ihrem Wesen nach die Sprache des Gesprächs.«* (WM 422, vgl. SV 196) Das Gespräch ist für den Hermeneutiker die paradigmatische Form der Sprache – und damit eben auch des Verstehens.

Dieses Gespräch will Gadamer nun aber nicht als ein durch das Subjekt konstituiertes Spiel betrachten; nicht der Spieler spielt ein Spiel, sondern umgekehrt, das Gespräch bringt sich analog zum Spiel in den Gesprächspartnern zur Darstellung – freilich unter der Voraussetzung, daß sich die Gesprächspartner überhaupt auf das Gespräch einlassen. Wenn sie sich jedoch darauf einlassen, wenn sie sich dialogisch verhalten, dann wird nach

Gadamer deutlich, daß nicht sie das Gespräch »führen«, sondern das Gespräch sie.

Hier liegt freilich ein entscheidender Differenzpunkt zwischen Gadamer und Wittgenstein, der durch Gadamers Wittgenstein-Bezug verdeckt wird. Wittgenstein, der sich im Unterschied zu Gadamer nicht an den mannigfaltigen Verweisungsbezügen und an der Relation von Ganzem und Teil interessiert zeigt, interessiert sich im Rahmen seines Konzepts der »Sprachspiele« für den Status der Spielregeln und für die Kompetenz der Spieler, die solchen Regeln folgen. Ein Spiel verstehen heißt daher bei ihm, sich auf etwas verstehen, was man *kann.* Im Beherrschen einer Regel kommt die Fähigkeit zum Ausdruck, der Regel zu folgen, wobei der Zusammenhang von Sprache und Praxis, der ja im Wort »Sprachspiel« deutlich wird, zugleich darauf verweist, daß die intersubjektive Verbindlichkeit der Spielregeln nicht auf einer »Übereinstimmung der Meinungen, sondern der Lebensform« beruht.[71] In diesem Sinne sagt Wittgenstein: »Einer Regel folgen, eine Mitteilung machen, einen Befehl geben, eine Schachpartie spielen sind *Gepflogenheiten* (Gebräuche, Institutionen).«[72]

In der Ansetzung dieser Gepflogenheiten stimmen nun zwar Gadamer und Wittgenstein überein. Auch Gadamers Hermeneutik geht ja davon aus, daß »alle sprachliche Verständigung [...] nicht nur ein Einverständnis über die Wortbedeutungen und die Regeln der gesprochenen Sprache« voraussetzt, sondern auch ein tragendes Einverständnis »im Hinblick auf die ›Sachen‹ in allem, was sinnvoll diskutiert werden kann« (NW 465). Auch Gadamer meint daher, daß »die Regeln und Ordnungen, die die Ausfüllung des Spielraums vorschreiben, [...] das Wesen eines Spiels« ausmachen. (WM 112) Und sie kommen auch noch darin überein, daß beide die eigentlich linguistische Dimension der Regeln, nach denen Wortketten generiert werden, kaum analysiert haben. Dadurch aber, daß Wittgenstein seine Analyse der pragmatischen

Dimension jener Regeln, nach denen Kommunikation zwischen Sprechern zustande kommt, aus der Perspektive von Kommunikationsteilnehmern aufklärt, kann er nie in die Versuchung kommen, das »Wesen des Spiels« ontologisch zu deuten und die Kompetenz von sprechenden und handelnden Subjekten, einer Regel zu folgen, als ein übersubjektives Geschehen zu interpretieren. Kurz: Bei Wittgenstein bleiben die Spieler wirklich Spieler und werden nicht zu Statisten eines Spiels, welches sie in Eigenregie übernimmt und mit ihnen spielt!

Nun bestreitet natürlich auch Gadamer nicht, daß sich das Spiel und das Verhalten des Spielenden unterscheiden lassen, »das als solches mit anderen Verhaltensweisen der Subjektivität zusammengehört«. Seine Behauptung ist, daß die Frage nach dem »Wesen des Spiels« dann und nur dann einer angemessenen »ontologischen Explikation« zugänglich ist, wenn sie von der subjektiven Reflexion des Spielenden entkoppelt und ontologisch interpretiert wird:

»Das Spiel hat ein eigenes Wesen, unabhängig von dem Bewußtsein derer, die spielen. Spiel ist auch dort, wo kein Fürsichsein der Subjektivität den thematischen Horizont begrenzt und wo es keine Subjekte gibt, die sich spielend verhalten. Das Subjekt des Spiels sind nicht die Spieler, sondern das Spiel kommt durch die Spielenden lediglich zur Darstellung. [...] Das Spiel stellt offenbar eine Ordnung dar, in der sich das Hin und Her der Spielbewegung von selbst ergibt. [...] Die Bewegung des Hin und Her ist für die Wesensbestimmung des Spiels offenbar so zentral, daß es gleichgültig ist, wer oder was diese Bewegung ausführt. Die Spielbewegung ist gleichsam ohne Substrat. [...] Die Seinsweise des Spiels ist also nicht von der Art, daß ein Subjekt da sein muß, das sich spielend verhält. [...] *Alles Spielen ist ein Gespieltwerden.*« (WM 108-112)

Der Bezug aufs Ganze, der durch unser Vorverständnis in jeden Sprechakt eingebaut ist, soll also die starke ontologische Lesart von der Sprachverfaßtheit des Seienden decken. Und dann erkennen wir auch, daß das Zur-Sprache-Kommen des Sinns sich nicht über die »Aktivität des Subjekts«, sondern über das »Tun der Sache« erklärt, die das Denken eher »erleidet«, als daß es dieses Tun souverän gestalten würde.

»Dieses Tun der Sache selbst ist die eigentliche spekulative Bewegung, die den Sprechenden ergreift. Wir haben ihren subjektiven Reflex im Sprechenden aufgesucht. Wir erkennen jetzt, daß diese Wendung vom Tun der Sache selbst, vom Zur-Sprache-kommen des Sinns, auf eine universal-ontologische Struktur hinweist, nämlich auf die Grundverfassung von allem, auf das sich überhaupt Verstehen richten kann. *Sein, das verstanden werden kann, ist Sprache.* Das hermeneutische Phänomen wirft hier gleichsam seine eigene Universalität auf die Seinsverfassung des Verstandenen zurück, indem es dieselbe in einem universellen Sinne als *Sprache* bestimmt und seinen eigenen Bezug auf das Seiende als Interpretation. So reden wir ja nicht nur von einer Sprache der Kunst, sondern auch von einer Sprache der Natur, ja überhaupt von einer Sprache, die die Dinge führen.« (WM 478)

Damit ist Gadamers Argumentation im wesentlichen abgeschlossen. Sein Fazit lautet: »Die spekulative Seinsart der Sprache erweist damit ihre universelle ontologische Bedeutung. Was zur Sprache kommt, ist zwar ein anderes als das gesprochene Wort selbst. Aber das Wort ist nur Wort durch das, was in ihm zur Sprache kommt.« (WM 478 f.)

Verstehen findet also dann und nur dann statt, wenn die Bewegung des Interpreten und die Bewegung der Überlieferung dergestalt ineinanderspielen, daß die »Antizipation von Sinn«, die Gadamer als »Vorgriff der Vollkommenheit« bezeichnet hat, von unserem gemeinsamen Vorverständnis und »vom Tun der Sache« beigebracht wird. Das bedeutet dann natürlich, daß dieser Vorgriff und dieses Tun nicht mehr als *Handlung* einem Subjekt zuzuschreiben wären, da Handlungen eben nur dann jemandem als Handlungen zugeschrieben werden können, wenn die Bedingung erfüllt ist, daß der Handelnde etwas absichtlich tut – etwa im Gegensatz zum Heben eines Arms aufgrund einer Muskelkontraktion. Zum Handeln ist es nötig, daß das, was der Handelnde tut, sich unter einer Beschreibung als beabsichtigt darstellt. Und dazu ist es eben erforderlich, daß dem Handelnden sein Tun bewußt ist.

Diese Bedingung scheint aber nicht erfüllt zu sein. Gadamer selbst sagt ausdrücklich, daß nicht wir das Sprachspiel spielen und demzufolge als die Akteure von mehr oder weniger gelungenen Spielzügen zu gelten haben, sondern eben das Spiel selbst – genauso wie der sprachliche Sinn nicht durch unser Tun, sondern durch das der Sache beigebracht wird. Das Spiel und die Sache sind das agierende Subjekt, nicht aber die Akteure, die der hermeneutischen Inszenierung allenfalls als passive Statisten beiwohnen. Denn das Spiel, das der Spielende als eine ihn »übertreffende Wirklichkeit« erfahren soll, findet nach Gadamer sogar dort noch statt, wo es »keine Subjekte gibt, die sich spielend verhalten«. Dies aber scheint zu bedeuten, daß das hermeneutische Schauspiel von Text und Interpretation überhaupt nicht mehr auf einer Bühne stattfindet, auf der sich kompetente Gesprächspartner begegnen, die miteinander über etwas sprechen, sondern gleichsam hinter den Kulissen, wo die Tradition als der eigentliche Inszenator des Verstehens ihr hermeneutisches Unwesen treibt.

Unter der Voraussetzung also, daß Gadamers These im wesentlichen korrekt ist, daß »alles Spielen [...] ein Gespieltwerden« ist, scheint dann auch die These korrekt zu sein, daß das »Verstehen [...] als ein Geschehen« betrachtet werden muß – wodurch die in der hermeneutischen Vernunft immer auch wirksame Kraft der Reflexion zu einem Bewußtsein von dem unvermeidlichen Ausgeliefertsein an ein Geschehen degradiert wäre, in dem sich die Bedingungen der hermeneutischen Rationalität nicht mehr nach Menschenmaß, sondern allein nach Maßgabe äußerer kontextbedingter Faktoren ändern.

Nun drängen sich hier mehrere Einwände auf. Da wäre zuerst die beständige Orientierung am einzelnen Wort oder aber, was jedoch nicht besser ist, an »*der* Sprache«, so daß auf das Verstehen von Behauptungen, von Fragen, Wünschen und Befehlen keinerlei argumentatives Kleingeld ausgegeben wird. Gadamer greift zu schnell auf die transzendentale Ebene der hermeneutischen Vorverständigung durch und tut so, als ob es selbstverständlich wäre, wie das Verstehen von Behauptungen, von Fragen, Wünschen, Versprechen und Befehlen etc. zu verstehen ist. Dies ist aber keineswegs selbstverständlich. Aus der Tatsache, daß wir uns in einer gemeinsamen Lebenswelt »immer schon« verstehen, d.h., daß es in der gewöhnlichen Kommunikation in erster Linie nicht darum geht, die Bedeutung sprachlicher Ausdrücke zu erfassen, sondern auf der Basis einer intersubjektiv geteilten Sprache die kommunikativen Intentionen anderer Sprecher, folgt nicht, daß das *pragmatische Verstehen*, also das Verstehen von prädikativen Sätzen, von Fragen, Wünschen, Versprechen, Befehlen etc. kein verstehenstheoretisches Problem darstellt.

Zum zweiten zeigt Gadamers Argumentation, daß er stellenweise mit einem Standpunkt sympathisiert, den es gemäß seinen eigenen Prämissen gar nicht geben kann: mit einem Gottesstandpunkt. Denn die spekulative Annahme einer »Sprache der Natur« bzw. einer »Sprache der Dinge«, die der Abweisung der »Subjektivität des Meinens« dienen soll (NS 76), unterstellt ja, daß wir im Wort der beiderseitigen Vermittlung von »Wort und Ding«, von »Sein und Sprache« teilhaftig werden – eine Annahme, die allein unter der Voraussetzung einsichtig wäre, daß wir uns neben dem sprachlichen Vermittlungsgeschehen aufhalten könnten. Denn nur in diesem Falle ließen sich die »Ansichten der Sachen« von deren »Ansichsein« trennen.[73] Wenn wir die konzeptualisierte

Welt mit der unkonzeptualisierten Welt wirklich vergleichen könnten, dann ließe sich diese These plausibel machen. Wenn wir dies hingegen gar nicht können, eben weil wir über Gegenstände vor aller Konstitution nichts weiter sagen können, da dies einen sprachexternen Gottesstandpunkt voraussetzen würde, dann kann Gadamer analog zu Kant allenfalls darüber Auskunft geben, wie sich sprachliche Ausdrücke auf die Sache beziehen, nicht aber, wie sich die Sache selbst mittels der Sprache zu bestimmen gedenkt.

Offenkundig geistern in der Hermeneutik noch immer der phänomenologische Schlachtruf »Zu den Sachen selbst« und die damit verbundene Vorstellung herum, daß die »Sachbezogenheit der Rede« eben doch jenseits der Rede durch die »Sprache der Dinge« abgedeckt wird; eine Vorstellung, die man im Anschluß an Wilfried Sellars als eine seinsphilosophische Variante des »Mythos des Gegebenen« bezeichnen kann. Wenn aber der phänomenologische Schlachtruf »Zu den Sachen selbst« überhaupt einen präzisen Sinn haben kann, dann sicher nicht den, daß uns sinnliche oder mentale Phänomene gegeben wären und erst nach dieser Gegebenheit konzeptualisiert würden[74], sondern allein den, daß der Weg zu den Sachen selbst über die Sprache führt. Der Rekurs auf die »Sache selbst« ohne ihre Konzeptualisierung ist keine epistemische Möglichkeit!

Aber selbst wenn man einmal davon absieht, daß die platonisch-realistische These von einer »Sprache der Dinge« mit der ebenso fundamentalen Annahme der Sprachontologie konfligiert, daß all unsere Erfahrung sprachlich vorgeprägt ist, insofern die »›sprachliche Weltkonstitution‹«, die sich als das »wirkungsgeschichtliche Bewußtsein« darstellt, »alle unsere Erkenntnismöglichkeiten vorgängig schematisiert« (UHP 228)[75], dann wird hier zudem deutlich, daß Gadamer die Maßstäbe des richtigen Verstehens mit der paradigmatischen Ausrichtung auf kanonische Texte gewissermaßen am Boden der Überlieferung festmacht, wobei die Überlieferung gegenüber Kritik tendenziell immun ist.

Denn Gadamer scheint lediglich damit zu rechnen, daß »die Maßstäbe des eigenen Wissens durch die Überlieferung [...] in Frage gestellt« werden können (WM 367), nicht aber damit, daß die Überlieferung auch durch unsere Maßstäbe des Wissens in Frage gestellt werden kann. Wir können aber nicht a priori davon ausgehen, daß das vom Autor im Text Behauptete auch wahr ist. Wir können noch nicht einmal davon ausgehen, daß das Gesagte überhaupt sinnvoll ist. Lassen sich die Wahrheits- und die Sinnfrage aber nicht a priori entscheiden, kann nicht nur Offenheit für die Überlieferung auf der Seite des Verstehenden gefordert werden, nämlich daß dieser »seine Vorurteile aufs Spiel zu setzen« (RHI 273) bereit sein muß, umgekehrt muß auch die Überlieferung offen sein für Kritik. Dies ist sie bei Gadamer aber nur partiell. Für eine sinnvolle Sinnkritik scheint die Überlieferung überhaupt nicht offen zu sein, was damit zusammenhängt, daß die philosophische Hermeneutik bis zu Gadamer gar nicht damit zu rechnen scheint, daß der Sinn des Gesagten problematisch werden kann; und für eine Korrektur dessen, was der Autor im Text sagt, ist die Überlieferung allenfalls partiell offen. Tendenziell jedoch ist die Überlieferung, wie gesagt, gegenüber Kritik immun, insofern Gadamer vom Paradigma eines Textes ausgeht, der als sinn- und wahrheitseröffnender ein nicht zu hintergehendes Maß des Verstehens bereitstellt – erinnert sei hier an Gadamers normative Auszeichnung des Klassischen, das er mit Rekurs auf die dunkle Formulierung aus Hegels *Ästhetik* als »das sich selbst Bedeutende und damit auch sich selber Deutende« bezeichnet hat. (WM 294)

Genau aus diesem Grunde kann auch »der Begriff der ›Horizontverschmelzung‹ einen scheinbar unzweideutigen Sinn bekommen. Das Maß dieser Horizontverschmelzung«, so Albrecht Wellmer, »ist die in der Interpretation unterstellte Wahrheit des Textes, gleichsam als Maß dessen, was als je richtige Konkretisierung und Applikation des Textsinns gelten kann. Die durch den Text eröffnete Wahrheit ist zugleich das Maß für den Wahrheits- und Sachbezug des Verstehens. Solches Verstehen läßt sich dann als Horizontverschmelzung, und man möchte sagen: als richtige Horizontverschmelzung, charakterisieren. Zugleich fordert der Text als das ›Wahrheitsmaß‹ des Verstehens eine immanente Lektüre; die Spannung zwischen ›internem‹ und ›externem‹ Verstehen ist bereits in der Grundkonstruktion von Gadamers Hermeneutik neutralisiert« – was zugleich Grund und Ursache dafür ist, daß sich in das, was sich gemäß dem hermeneutischen Prinzip des »Vorgriffs der Vollkommenheit« als eine »vollkommene Einheit von Sinn« darstellt, schwerlich die »Momente der Kritik, der Distanzierung, des Überschreitens, der Transformation im Namen der Wahrheit in den Begriff des Verstehens« eintragen lassen.[76]

Die ursprünglichen Sinnstiftungen, die Husserl und Heidegger einst als Gegeninstanz gegenüber einer transzendental obdachlosen Moderne aufgerufen haben, kehren bei Gadamer quasi in Gestalt eines Sinn- und Wahrheitsvorsprungs der überlieferten Texte wieder. Das Ursprüngliche ist und bleibt das Sinnvolle und Wahre. Dies ist bei aller Kritik an der Ursprungsphilosophie das durch Husserl und Heidegger vermachte ursprungsphilosophische Erbe der Hermeneutik, ein Erbe, dessen sich die philosophische Hermeneutik nur entledigen kann, wenn sie die Hypostasierung des Überlieferungszusammenhangs und die damit verbundene Ontologisierung der Sprache aufgibt.

Eben mit dieser Ontologisierung der Sprache hängt auch zusammen, daß die philosophische Hermeneutik die Komplementarität von Ich- und Wir-Perspektive nicht richtig, weil einseitig beschreibt. Aus der berechtigten Kritik am »subjektivistischen Denkansatz der Moderne« zieht Gadamer die Schlußfolgerung, daß die »Subjektivität des Meinens«, die ja auch noch der intentionalistischen Semantik der Husserlschen Bedeutungstheorie zugrunde lag, nur durch die Ontologisierung der Sprache und die damit verbundene Vergleichgültigung der hermeneutischen Autorität der ersten Person abgewehrt werden kann.

Der Grund hierfür ist leicht benannt. Gadamer hat zwar schon früh erkannt, daß die dreigliedrige Struktur des Dialogs[77] nicht auf eine zweigliedrige Subjekt-Objekt-Beziehung verkürzt werden darf, eben weil die Orientierung an der Subjekt-Objekt-Dialektik dazu nötigt, die zweite Person objektivierend als Alter ego im Sinne Husserls aufzufassen. Das zweigliedrige Subjekt-Objekt-Schema, das der gesamten Bewußtseinsphilosophie bis hin zu Husserl zugrunde liegt, wird der Dialektik des Gesprächs nicht gerecht. Dies bedeutet aber noch lange nicht, daß deshalb der im Gespräch eröffnete Wir-Raum ein Raum ist, den die Sprache selbst oder ein ontologisches Vorverständnis aufbaut. Genau auf diese Konsequenz scheint jedoch Gadamers Position hinauszulaufen, insofern er die Bewegung der »Triangulation«, durch die ja überhaupt erst dieser öffentliche Wir-Raum durch die Anwendung, Befolgung und Erneuerung von Regeln und Konventionen erzeugt wird, unter die Prädominanz der sich selbst sprechenden Sprache stellt – wodurch zwangsläufig der Zusammenhang zwischen der kommunikativen Kompetenz von Sprechern und der Grammatik von Sprachspielen mißdeutet werden muß.

Bei der Beziehung zwischen der Sprache und den je einzelnen Sprechakten handelt es sich aber nicht um ein einseitiges Abhängigkeitsverhältnis, sondern um eine wechselseitige Beziehung. So gilt denn zwar, daß eine intersubjektiv geteilte Sprache gegenüber den je einzelnen Sprechakten normativ ist. Die philosophische

Hermeneutik behauptet zu Recht, daß die Sprache im Gespräch gründet und daß dieses Gespräch sich nicht als Aufstockung von unabhängigen Ich-Perspektiven begreiflich machen läßt. Dies könnte man quasi als das Wahrheitsmoment der Ontologisierungsthese bezeichnen, so man mit dieser These keine ontologischen Ansprüche mehr verbindet. Aber ebenso muß die Ich-Perspektive im Sinne der Sprecherperspektive der ersten Person in ein solches Gespräch eingelassen sein. Eben weil es kompetente Sprecher sind, die sprechen, und nicht die Sprache selbst. Die Seinsweise eines intersubjektiven, eines gemeinsam geteilten, wiewohl prekären und gebrochenen sprachlichen Sinns, eines Sinns, der kein Sein außerhalb des Gesprächs hat und daher im Prozeß sprachlicher Verständigung immer wieder neu herzustellen ist, diese Seinsweise ist nur aus der »performativen Perspektive derer faßbar, die am Prozeß sprachlicher Verständigung beteiligt sind und daher in Sach- und Geltungsfragen verwickelt sind, um die es in der sprachlichen Verständigung geht. Sprachlicher Sinn hat kein Sein außerhalb dieser performativen Perspektive der Sprecher.«[78] *Die Sprache* selbst tut nämlich gar nichts, sie spricht also auch nicht, nur Sprecher sprechen. Und kompetente Sprecher sprechen genau dann eine Sprache, wenn sie »Sprechakte in Übereinstimmung mit Systemen konstitutiver Regeln [...] vollziehen«[79]. Dieser banal erscheinende Zusammenhang zwischen der kommunikativen Kompetenz von Sprechern und der Grammatik von Sprachspielen wäre gegen die Ontologisierung des sprachlichen Sinns festzuhalten. Zusammen mit der Sprecherperspektive kommt hier nun aber unweigerlich die von der Hermeneutik ungeliebte »Subjektivität des Meinens« ins Spiel, die sie doch glaubt ausschalten zu müssen, um sich dem falschen Ansatz der Bewußtseinsphilosophie entgegenzusetzen.

Anders Wittgenstein, der im Rahmen seines Konzepts der Sprachspiele die intentionalen Gehalte ja ebenfalls unabhängig von intentionalen Erlebnissen behandelt. Als Beispiel gilt Wittgenstein eine Rechenaufgabe und die Operation, die die Aufgabe löst – also ein Können, ein Know-how.[80] In diesem Beispiel ist die Rechnung selbst der Schritt, der »von der Erwartung zur Erfüllung« führt.[81] Analoges gilt auch für Sätze. »Soweit sich die Bedeutung der Wörter in der eingetroffenen Erwartung, in der Erfüllung des Wünschens, in der Befolgung des Befehls etc., erweist, zeigt sie sich schon in einer sprachlichen Darstellung der Erwartung etc. Sie wird also ganz in der Sprachlehre bestimmt. In dem, was sich hat voraussehen lassen; worüber man schon vor dem Eintreffen der Tatsache reden konnte.«[82] Wenn also der »Sinn des Satzes [...] keine Seele ist«[83], die zu uns spricht, wenn allein kompetente Sprecher zu uns sprechen, dann läßt sich der Sinn von Intentionen folglich nur mit Bezugnahme auf den Sinn von Sätzen klären, so daß wir sagen können: Eine Intention verstehen heißt, die Rolle eines Satzes in einem Sprachsystem zu verstehen.

Während somit Wittgenstein den Zusammenhang von Intentionen und ihrer Erfüllung dergestalt aufklärt, daß aus einem Befehlssatz die Handlung zu entnehmen ist, die als Erfüllung des Befehls angesehen werden kann, und aus einem Aussagesatz die Tatsache, die ihn wahr macht, läßt sich Gadamer dazu verleiten, das Problem der »Subjektivität des Meinens« zu einem Problem der Bewußtseinsphilosophie und damit für sprachphilosophisch »illegal« zu erklären. Dies ist zugleich auch der Grund, warum er das Phänomen der »Ichbezogenheit alles Sinnes« (WM 477) aus der Perspektive des Hörers, nicht aber aus der Sprecherperspektive thematisiert hat: Im Unterschied zum interpretativen Verstehen aus der Perspektive der zweiten Person, das in der philosophischen Hermeneutik seit je im Zentrum des Interesses stand, hat Gadamer die Perspektive der ersten Person und damit auch die »produktiven Leistungen« von Sprechern aus Angst vor dem Rückfall in den Intentionalismus und in die »Subjektivität des

Meinens« theoretisch vergleichgültigt[84] – und das Verstehen ontologisch gedeutet.

Genau dies ist das Problem: Mit der ontologischen Deutung des Verstehens wird zwar der Sprache ihre Selbständigkeit zurückgegeben, die sie einst gegenüber den intentionalen Leistungen des Bewußtseins verloren hatte. Der Preis hierfür jedoch ist hoch. Die Aufwertung der Sprache gegenüber den intentionalen Leistungen des Bewußtseins verhält sich proportional zur Abwertung der durch Sprecher erbrachten Leistungen. Der Preis ist also der, daß der sprachliche Sinn ontologisiert werden muß, so daß es am Ende die Sprache selbst ist, die spricht. Hier liegt der Grund dafür, daß gegen die philosophische Hermeneutik die hermeneutische Autorität der ersten Person verteidigt werden muß.

Zu Recht könnte Gadamer dann zwar immer noch sagen, daß diese Autorität nicht so hoch veranschlagt werden kann, wie dies der Intentionalismus tut (oder neuerdings einige Vertreter analytischer Selbstbewußtseinstheorien im Umfeld der »philosophy of mind«), nämlich als etwas Vorintersubjektives. Ohne eine intersubjektiv geteilte Sprache gibt es auch keine »Subjektivität des Meinens«. Unbegründet dagegen ist die weiter reichende Schlußfolgerung, daß deshalb die »Subjektivität des Meinens« als ein Problem betrachtet werden muß, das sich nur vor dem Problemhorizont des bewußtseinsphilosophischen Denkansatzes der Moderne stellt und damit der »hermeneutischen Dimension des Verstehens als ein Jenseits des Selbstbewußtseins« entgegensteht.

Die Abwertung der »Subjektivität des Meinens« und, komplementär dazu, die Aufwertung der Sprache in der durch die Hermeneutik vertretenen Variante erzwingen nur dann die Konsequenz, daß das Verstehen in Geschehenskategorien konzipiert werden muß, wenn man davon ausgeht, daß das einzig wirksame Gegengift zum Intentionalismus ein ontologisches Heilmittel darstellt. Hierfür gibt es jedoch auch aus hermeneutischer Sicht keinen zwingenden Grund. Denn wir können die These von der Universalität des Verstehens auch mit weniger zumutungsreichen Voraussetzungen vertreten.

Das Problem ist also nicht, daß Gadamer auf die konstitutive Rolle des hermeneutischen Vorverständnisses für das Verstehen aufmerksam macht und gegen die Reflexionsphilosophie den internen Zusammenhang zwischen Sprache und Vernunft betont. Es bleibt eines der grundlegenden Verdienste der philosophischen Hermeneutik, die Sprachlichkeit einer kontextualisierten, wiewohl jeden Kontext transzendierenden Vernunft gegen unzulässige Kontextualisierungsversuche verteidigt zu haben. Insofern dem »Verstehen grundsätzlich keine Grenze gesetzt ist«, ist auch der Sprache und damit der Vernunft keine kontextuell bedingte Grenze gesetzt. Die Universalität der Sprache »hält mit der Universalität der Vernunft Schritt«. Denn »die Sprache ist die Sprache der Vernunft selbst« (WM 405) – wenn sie denn bloß von uns gesprochen würde!

So wird man denn Gadamer nicht bestreiten, daß dem Spiel kein Substrat unterlegt ist, welches das Spiel als Spiel definiert, da hierfür Spielregeln schon ausreichend sind, Regeln, die das »Hin und Her der Spielbewegung« in einer für das jeweilige Spiel regelkonformen Weise festlegen – wobei dieser Regelbezug nicht im Sinne von rigiden, unveränderbaren Regeln gedeutet werden darf, da ansonsten das nicht regelkonforme Sprachverhalten ein Ding der Unmöglichkeit darstellen würde. Ein regelfolgendes im Gegensatz zu einem bloß regelhaften Verhalten schließt immer ein Verfügenkönnen über die Regeln ein, denen wir folgen. Die prinzipielle Offenheit der hermeneutischen Rationalität muß vereinbar bleiben mit dem Verfügenkönnen über die Regeln, denen wir folgen, wenn wir das Feld des Verständlichen betreten – was dann eben auch noch die Möglichkeit des Findens und Erfindens von neuen Regeln einschließt. Denn jene Regeln, denen wir in unseren Sprachspielen folgen, schreiben uns weder vor, wie wir ihnen in jedem Einzelfall zu folgen haben, noch schreiben sie uns vor, welche weiteren Regeln wir zu akzeptieren haben, wenn die bislang akzeptierten Regeln nicht genügen, um etwas zum Ausdruck zu bringen, was sich bislang mit ihnen nicht zum Ausdruck bringen ließ.

Das »Vermögen der Regeln«, die dem Feld des Verständlichen zugrunde liegen, läßt sich selbst also nicht vollständig in Regeln fassen, so daß schon die prinzipiell reflexive Regelrationalität ein offenes Konzept ist.[85] Von daher kann man durchaus sagen, daß das Subjekt des Spiels nicht der Spieler ist, so man sich darunter ein Subjekt vorstellt, welches autonom über die Regeln dieses Spiels im Sinne von privaten Regeln »verfügte«, da dies die Annahme einer »Privatsprache« nach sich zöge, gegen die sich bekanntlich starke Argumente aufbieten lassen.[86] Man kann aber schon nicht mehr sagen, daß das subjektive Meinen der Gesprächspartner vom Spiel so weit übertroffen würde, daß »auch der Gesprächsführer stets der Nichtwissende bleibt«, da der Hermeneutiker hier selbst die Perspektive aller Perspektiven einnimmt, von der er doch sagt, daß man sie nicht einnehmen könne. Und man kann auch nicht behaupten, »alles Spielen ist ein Gespieltwerden«, da hierdurch das Spiel selbst an die Stelle eines subjektlosen Erzeugers von »Regeln und Ordnungen« rückt, so daß die Spieler zu Erfüllungsgehilfen dieses subjektlosen Tuns degradiert werden. Denn dies bedeutet, daß die Rationalität des Spiels und die Rationalität der Spieler nichts mehr miteinander zu tun haben.

Eine solche Annahme wäre in einem hohen Maß kontraintuitiv. Schließlich entscheiden darüber, ob ein Spiel überhaupt ein Spiel ist, keine subjektlosen Erzeuger von »Regeln und Ordnungen«, sondern Spieler in Kenntnis der Spielregeln. Und unter der

Voraussetzung, daß sich diese Spieler regelkonform verhalten, kann ein solches Spiel ein gutes oder ein schlechtes Spiel sein, was vom »Hin und Her der Spielbewegung« und damit von der Spielintelligenz mehr oder weniger kompetenter Spieler abhängt.[87] In diesem Sinne sind dann auch alle Spieler, die regelkonform spielen, Spieler. Sie sind es allerdings nicht in der gleichen Weise. Am Schachspiel etwa läßt sich klarmachen, daß sich der schlechte und der gute Schachspieler eben darin unterscheiden, daß der eine gut und der andere schlecht spielt – was an der Schachpartie auch deutlich werden wird. Das »Hin und Her der Spielbewegung« wird im Fall guter Spieler ein anderes sein als bei schlechten Spielern, was mit besagter Kompetenz der Spieler zusammenhängt. Wenn aber die Spielbewegung von der Spielintelligenz mehr oder weniger kompetenter Spieler abhängig ist, dann kann das, was als Rationalität seitens kompetenter Spieler in das Spiel eingebracht wird, nicht unabhängig von der Rationalität des Spiels selbst sein – ein Gedanke, dem Gadamers Hermeneutik aufgrund der sprachontologischen Wendung der Verstehensproblematik jedoch kaum Rechnung tragen kann.

So mag der Einwand gegen ein instrumentalistisches Sprachkonzept durchaus einen Sinn machen, ein Konzept, in dem die Sprache als Werkzeug zur Herbeiführung einer möglichen Verständigung begriffen wird. Dieser Einwand verliert jedoch diesen Sinn sofort wieder, wenn der Spielbezug totalisiert und ereignisontologisch gedeutet wird. Denn diese Wendung, die, analog zu Derrida und Rorty, die Metaphorik des Spiels totalisiert und dann noch ontologisiert, nimmt dem Spielbezug sofort wieder den kritischen Sinn, den er gegen den »subjektivistischen Denkansatz der Moderne« und damit auch gegen die Vorstellung eines instrumentalistischen Verstehenskonzepts zunächst einmal hat. Denn ein Spiel ohne Spieler, die es spielen, ist eben kein Spiel mehr, sondern ein bloßes »Ereignis«.

Gadamer rekurriert zwar mit Recht auf einen sprachlichen Zusammenhang, der nicht im Sinne *technischer Erzeugungsregeln* gedeutet werden kann. *Grammatische Regeln* sind keine technischen Erzeugungsregeln, die mit Bezug auf ein zu realisierendes Ziel bestimmt werden könnten – dies haben grammatische Regeln mit Spielregeln gemeinsam. In diesem Sinn kann auch der »Begriff [der] Sprache nicht durch den Zweck der Sprache« definiert werden, etwa im Unterschied zum Begriff »Kochen«, ein Unterschied, den Wittgenstein an der Differenz zwischen den Regeln des Kochens und den Regeln des Schachspiels erläutert hat.[88] Die Regeln der Kochkunst hängen mit der Grammatik des Wortes »kochen« anders zusammen als die Regeln von strategischen Spielen mit der Grammatik des Wortes, durch das diese Spiele jeweils definiert sind: Wittgenstein und Gadamer sind sich darin einig, daß sich die Sprache nicht instrumentalistisch als ein Werkzeug verstehen läßt, das für bestimmte Zwecke dienlich ist – etwa den Zweck der Verständigung, da im Begriff der Verständigung bereits der Begriff der Sprache liegt. Die Regeln des instrumentellen Handelns dienen der Lösung technischer Probleme. Ihre Anwendung verlangt eine objektivierende Einstellung zur Welt als der Gesamtheit der manipulierbaren Gegenstände und Ereignisse, während das kommunikative Handeln an die performative Einstellung von Kommunikationsteilnehmern gebunden ist.

Dies bedeutet aber eben nicht, daß die »Seinsweise des Verstehens« und damit die »Seinsweise der Vernunft« ereignisontologisch in Geschehenskategorien gedeutet werden müßten, so daß sich die Verschmelzung von Horizonten im Vollzug des Verstehens dann auch gar nicht mehr als unser »Tun an der Sache«, sondern nur noch als ein »Tun der Sache« selbst verstehen ließe. (WM 488) Zwar unterstehen sprechende Subjekte jeweils einem kontextbedingten Vorverständnis, an das sie mit ihrer kommunikativ erworbenen Kompetenz anknüpfen müssen. Hierin bleibt

Gadamer gegenüber der Reflexionsphilosophie im Recht. Dieser Zusammenhang zwischen der kommunikativen Kompetenz von Sprechern und der Grammatik von Sprachspielen wird jedoch in der philosophischen Hermeneutik unter der Prädominanz einer sich selbst sprechenden Sprache interpretiert, eine Interpretation, die zu besagter Ontologisierung der Sprache und zur Hypostasierung des Überlieferungszusammenhangs führt.

7. Hermeneutik als praktische Philosophie

Versteht man unter Hermeneutik die Theorie oder die Kunst der Auslegung und Interpretation von Texten, dann scheint es auf den ersten Blick nicht eben einleuchtend, die Hermeneutik gleichzeitig auch als praktische Philosophie bestimmen zu wollen. Und doch liegt in einer solchen Bestimmung kein Widerspruch. Denn das hermeneutische Problem geht über die spezifische Anwendungsproblematik einer bloßen Auslegung und Interpretation von Texten weit hinaus. Nach Gadamer ist »Hermeneutik [...] Philosophie, und als Philosophie praktische Philosophie« (HPP 343). Diese bestimmt er zweifach: erstens als ein »methodisches Vorbild für die ›hermeneutischen‹ Wissenschaften« und zweitens als »so etwas wie ihre sachliche Grundlage«. Diese sachliche und methodische »Sonderart der praktischen Philosophie« ist laut Gadamer eine direkte »Folge der durch Aristoteles in ihrer begrifflichen Eigenart herausgearbeiteten ›praktischen Vernünftigkeit‹«, der »Phronesis«[89], deren Struktur sich jedoch von einem »modernen Wissenschaftsbegriff aus überhaupt nicht fassen« läßt. (SD 500)

Phronesis und Techne

In diesem Zusammenhang hat Gadamer wiederholt auf die Verbindung des hermeneutischen Vorgangs der Interpretation mit der Aristotelischen Analyse der *Phronesis* aufmerksam gemacht und darauf hingewiesen, daß er damit im Grunde nur einer Linie folgt, die der junge Heidegger mit dem Programm einer »Hermeneutik der Faktizität« gezogen hat (HH 422), eine Linie, die jedoch nicht Heidegger, sondern Gadamer weiterverfolgt hat. Dennoch fanden diese Hinweise anfangs nur wenig Beachtung, obgleich Heideggers Einfluß auf *Wahrheit und Methode*, auf die Schleiermacher- und Dilthey-Kritik, auf die Ausarbeitung der hermeneutischen Situation des Verstehens und schließlich auf die Darstellung der hermeneutischen Aktualität des Aristoteles unverkennbar ist. Ja, gerade das »Kapitel über die hermeneutische Aktualität des Aristoteles liest sich im Horizont unserer gegenwärtigen Erfahrung wie die direkte Weiterführung jener geschichtlich folgenreichen Aristoteles-Interpretation, die Heidegger auf seinem Weg abgebrochen oder doch in anderer Gedankenführung ausgezogen hat«[90].

Mit seiner Aristoteles-Interpretation knüpft Gadamer aber nicht nur an Heideggers »Hermeneutik der Faktizität« und an die immer wieder erwähnten »phänomenologischen Interpretationen zu Aristoteles« an. Er nimmt hier auch Denkmotive auf, die er bereits in den frühen dreißiger Jahren formulierte. Schon in dem Beitrag *Praktisches Wissen*, den Gadamer 1930 einer nicht publizierten Festschrift für Paul Friedländer beigab, und dann natürlich in der Habilitation über *Platos dialektische Ethik* aus dem Jahr 1931 deutet sich nämlich jene für die Entwicklung der philosophischen Hermeneutik so folgenreiche Integration der Platonischen Gesprächsdialektik in das Phronesis-Konzept des Aristoteles an, die für die Hermeneutik als praktische Philosophie grundlegende Bedeutung erlangen sollte. Bemühte sich Gadamer doch bereits im Kontext der Habilitation, das Wissen vom Immerseienden, selbst wo es in einer sokratischen Weise als praktisches Wissen verstanden wird, in das konkrete Wissen des Menschen *um sich selbst* einzusenken. Damit war im Prinzip die

Grundlage gelegt für den Brückenschlag zwischen den dialektischen Seinsbestimmungen und dem praktischen »Sinn für das Tunliche« im Umfeld eines Lebens in einem Ethos, wie es im VI. Buch der *Nikomachischen Ethik* in all seinen mannigfaltigen Erscheinungsweisen beschrieben wurde.[91]

Diesem praktischen Sinn für das Tunliche, also für das, was recht ist, aber auch für das, was nützlich und zweckmäßig ist, geht es nicht um das Erfassen eines letzten Tunlichen, sondern um ein anderes Eidos des Wissens, das genau die Differenz der Phronesis zur Episteme (Wissenschaft) und zur Sophia (Weisheit) ausmacht. Gadamer, der den an Plato ausgewiesenen dialogischen Zug der praktischen Vernünftigkeit in das Phronesis-Konzept des Aristoteles aufnimmt – ein charakteristischer Unterschied zu Heideggers Aristoteles-Interpretation, der diese Seite der praktischen Vernünftigkeit überhaupt nicht kennt –, expliziert diese andere Art von Wissen im Kontrast zur Techne. Der mit der Phronesis verwandte, nicht aber identische »Kunstgeist des Herstellens« unterscheidet sich dadurch von der Techne, daß diese ein Wissen meint, »das ein Machenkönnen leitet«, während jener als ein Wissen zu verstehen ist, »das die Praxis leitet« – wobei mit dieser Unterscheidung keine Trennung, sondern eine »Einordnung und Unterordnung der Techne und ihres Könnens unter die Phronesis und ihre Praxis« angesprochen ist. (BZW 234)

Dies ist nach Gadamer zugleich auch der Grund, weshalb es für die Techne eine mehr oder weniger perfekte Meisterschaft des Machenkönnens gibt, während es offenkundig sinnlos ist, auch für das praktische Wissen eine solche Meisterschaft annehmen zu wollen. Denn hier, wo es um das in ethischer Hinsicht Gute, Zuträgliche und Angemessene geht, wo gerade das, was für den Betreffenden im Einzelfall zu tun ist, das Problem darstellt, kann es kein »vorgängiges Wissen um die rechten Mittel« geben. Die Irrelevanz eines reinen Prinzipienwissens für die Praxis erklärt sich vor allem daraus, daß hier überzogene Ansprüche an die Praxisbedeutung von Theorie verfehlt sind und die Theoriefähigkeit der Praxis zerstören müßten.[92] Daher erscheinen dem Hermeneutiker auch »verschärfte Begründungsansprüche«, wie sie beispielsweise von Ernst Tugendhat erhoben wurden, nicht akzeptabel. (WPP 211)

Phronesis ist nicht eine auf die eigene Existenz bezogene Techne. Wohl kann man seinen Körper durch den Einsatz entsprechender Mittel derart zielgerichtet formen, daß am Ende selbst Arnold Schwarzenegger vor Neid erblassen würde – »eine ›Kunst‹ des Existierens« ist jedoch ein Widerspruch in sich. Es kann »keine steigende Beherrschung der eigenen Existenz« geben, »die dazu führte, daß man nicht mehr je neu nach dem Besten für sich zu fragen hätte, weil man es im voraus schon wüßte. Gerade als die Wachsamkeit der Sorge um sich selbst [...] ist die φρόνησις eigentlich das, was sie sein kann.« (PW 241 f.)

Diese Feststellung hat wichtige Konsequenzen für die praktische Philosophie. Und zwar nicht allein, weil sich zeigen läßt, daß »Theoria selbst eine Weise der Praxis« ist, sondern vor allem deshalb, weil es in dem Bereich, den Gadamer mit Aristoteles als den des Tunlichen bezeichnet, in dem es also um den konkreten Einzelfall geht, um ein Für-sich-Wissen, mit dessen Erfassung man sich zu einem »praktischen Zugriff« entschließt (PW 244), keine Trennung von Laien und Experten gibt. Hier, wo unser praktischer Sinn gefragt ist, ist der Experte gegenüber dem Laien in keiner epistemisch privilegierten Position.

Die Frage, ob es für mich gut ist, meinem Uni-Job weiter nachzugehen oder aber Farmer in Australien zu werden, ist offensichtlich keine Frage, die ein Experte für mich beantworten könnte. Bezüglich dieser mich betreffenden Frage gibt es kein »Wissen im Abstand« – etwa im Sinne allgemeiner Prinzipien.

Selbst wenn man einen Rat bei Personen einholt, die einen kennen und um einen wissen, wäre die eingeholte Meinung kein »Wissen im Abstand«. Denn eine solche Person denkt so für den Betreffenden, »als ob [...] [sie] selbst seine Tat zu tun hätte« (PW 245 f.).

Der eingeholte Rat kann also durchaus ein vernünftiger, ein praktikabler Rat sein. Denn er gibt eine »Bestimmung« vor, welcher der Ratsuchende schließlich folgt. Der Grund dafür, daß er eine solche Bestimmung überhaupt vorgeben kann, daß er also genau das für die entsprechende Situation Treffliche rät, ist, daß beide, der Ratende und der Beratene, sich selbst als Angehörige eines Ethos verstehen, das sie verbindet und das der Überlegung die »Richtung« vorgibt. Diese Vorgabe will Gadamer jedoch nicht als Konformismus mißverstanden wissen. Der Rekurs auf das Verbindende des Ethos ist nicht zu verwechseln mit einem opportunistischen Mitmachen. Dieser Rekurs auf das Ethos öffnet überhaupt erst den Blick für das »Für-sich-Wissen« um das Tunliche, das nach Gadamer durch eine objektivistische Einstellung im Sinne der modernen Wissenschaften nur verfehlt werden kann.

Aristoteles, »der gegenüber dem Ideal der Moderne einer durch Wissen und Können beherrschten Welt das Ideal der Vernunft für uns darstellt, das Ideal einer vernünftig geordneten, verständlichen Welt, in der wir zu leben haben«, hat dadurch, daß er »die praktische Philosophie von der theoretischen bewußt geschieden« hat, neue Perspektiven eröffnet. (IPP 246) »Daß das ›Daß‹ (τὸ ὅτι) Anfang (Prinzip) sein kann, neben jenen anderen Anfängen höchster Allgemeinheit, den Prinzipien der Logik und Metaphysik, bindet das Menschenwesen, das sich den Wagnissen des Wissenwollens und Machenkönnens ausgesetzt sieht, an die Lebensordnungen zurück, die es sich als gesellschaftliches und staatsbildendes Wesen geschaffen hat und ständig neu schafft –

auf rationale Weise. Denn der Mensch ist ein vernünftiges, wenn auch oft unvernünftiges Wesen. Aber als vernünftiges Wesen weiß er zu wählen, d.h. aber, er gebraucht sein kritisches Vermögen im Kleinen wie im Großen und bewirkt so eine beständige Umgestaltung der Ordnung seines Lebens. Es ist nicht nur Ethos, was ihn bestimmt – es ist auch Logos, und das heißt: sein Wissen und Denken.« (IPP 243)

Eine Philosophie, die es mit Praxis zu tun hat, ist freilich deshalb noch nicht selbst schon »praktische Vernünftigkeit« und als Phronesis zu verstehen. Derartige philosophische Allmachtsphantasien, wie sie in diesem Zusammenhang etwa für den Marxismus charakteristisch sind, liegen der philosophischen Hermeneutik völlig fern. Die Pointe der Situierungsthese auch der praktischen Vernunft betrifft die »Möglichkeit einer Philosophie der Praxis«, die aus »der in der Praxis selbst schon eingeschlossenen Vernünftigkeit begründet« werden muß. (VPP 264) Die These von der »*begrenzten Praxisbedeutung der Theorie*, die [...] in der *begrenzten Theoriefähigkeit der Praxis* selbst gründet«, besagt also nicht, daß die Praxis gänzlich theorielos und eine Theorie der Praxis ganz unmöglich wäre. Sie besagt, daß Theorie die Praxis nie in ihrer Gänze anleiten kann.

Begründungen können daher für den Hermeneutiker »nichts anderes sein als hermeneutisch angeleitete Hinweise und Argumente, die vor allem das individuelle Einverständnis mit den Grundlagen des jeweils je schon gelebten Ethos nahelegen sollen«[93]. Wo »Praxis der Gegenstand von ›Theoria‹ wird, und das ist der Fall der ›praktischen Philosophie‹, baut sich die ›Methode‹ der begrifflichen Analyse auf den Gemeinsamkeiten auf, die alle verbinden« (WPP 215). Diese mit der Phronesis hervorgehobenen verbindenden Gemeinsamkeiten einer Lebensform eröffnen und begrenzen die Möglichkeiten des sittlichen Handelns innerhalb einer partikularen Wir-Gemeinschaft, das, wie Gadamer immer wieder betont, mehr von unserem Sein als von unserem Bewußtsein abhängt.

All unser Tun und Handeln »steht im Horizont der Polis und weitet damit unser Wählen des Tunlichen in das Ganze unseres äußeren gesellschaftlichen Seins« – weshalb Gadamer auch sagt, daß sich die »Ethik [...] als Teil der Politik« erweist. »Denn die Konkretisierung unser selbst, deren Umriß in den Tugendgestalten und ihrer Hinordnung auf die höchste und wünschbarste Lebensform vorgezeichnet ist, reicht weit in das allen Gemeinsame hinein, das die Griechen Polis nannten und dessen rechte Gestaltung alle stets mitverantworten.« (MPE 185)

Wer »über das Gute und Rechte im allgemeinen nachdenkt«, ist auf den »praktischen *Logos* genauso verwiesen wie jeder andere, der seine Vorstellungen von dem, was gut und recht ist, in die Tat umsetzen soll« (MPE 184). Denn das »Allgemeine, Typische, das sich in einer der Allgemeinheit des Begriffs überantworteten philosophischen Untersuchung allein sagen läßt, ist nicht wesensverschieden von dem, was das ganz untheoretische, durchschnittlich-allgemeine Normenbewußtsein in eines jeden praktisch-sittlicher Überlegung leitet« (MPE 186).

Aus dem Tatbestand, daß es hier kein erkenntnistheoretisches Privileg des Experten gegenüber dem Laien gibt, folgt nun aber nicht, daß das sittliche Wissen, das das konkrete Handeln leitet, die Sache eines jeden wäre. Dies ist sie nicht. »Nur für den, der durch Erziehung in Gesellschaft und Staat zu einer solchen Reife des eigenen Seins geführt worden ist, daß er das im allgemeinen Gesagte im konkreten Betroffensein wiedererkennen und praktisch werden zu lassen vermag« (MPE 186), also allein für den, der einen Ort innerhalb einer jeweils partikularen Wir-Gemeinschaft hat, gibt es den Sinn für das Tunliche. Für den Hermeneutiker ist es »immer schon eine Selbstauslegung des Lebens, an die sich die verallgemeinernde, schematisierende, typisierende Begriffsbildung der praktischen Philosophie anschließt und auf der sie aufbaut« (VPP 264). Reflexion über Praxis ist nicht Technik, und praktische Philosophie ist nicht Anwendung von Theorie auf Praxis, wie wir sie »selbstverständlich im Bereich alles praktischen Tuns ständig vernehmen, sondern erhebt sich aus der Erfahrung der Praxis selbst, kraft der in ihr gelegenen Vernunft und Vernünftigkeit. ›Praxis‹ meint eben nicht das Handeln nach Regeln und das Anwenden von Wissen, sondern meint die ganz ursprüngliche Situiertheit des Menschen in seiner natürlichen und gesellschaftlichen Umwelt.« (IPP 234)

Logos und Ethos

Daher liegt der Schwerpunkt der philosophischen Ethik des Aristoteles, die Gadamer als ein »Meisterstück dieses Genies der Vernünftigkeit« bezeichnet, in der »Vermittlung zwischen Logos und Ethos, zwischen Subjektivität des Wissens und der Substantialität des Seins«. Denn »das, was als recht gilt, was wir im Urteil über uns selber oder über andere bejahen [...], folgt unseren allgemeinen Vorstellungen von dem, was gut und recht ist, gewinnt aber seine eigentümliche Bestimmtheit erst in der konkreten Wirklichkeit des Falls, der kein Fall der Anwendung einer allgemeinen Regel ist« (MPE 184). In diesem Sinn sagt Gadamer mit Aristoteles: »der Ausgangspunkt, die ›Archē‹, das Prinzip der praktischen Philosophie ist das *hoti*, das ›Daß‹ – und dieses ›Daß‹ meint nicht nur das Handeln selber, sondern gerade auch die innere Helligkeit, die zu allem auf ›Prohairesis‹, auf Entscheidungswahl, beruhenden Handeln gehört« (VPP 264).

Analog zu Aristoteles erkennt also auch Gadamers Analyse der Phronesis im »sittlichen Wissen eine Weise des sittlichen Seins selbst«, die »von der ganzen Konkretion dessen«, was Aristoteles Ethos nennt, nicht ablösbar ist. (MPE 183) Daher können wir die praktische Vernunft als eine *ethosrelative Vernunft* bezeichnen; d.h., sie folgt nicht von praktischen Handlungszusammenhängen unabhängigen formalen Prinzipien, sondern hat in der Praxis ihr »fundamentum in re«.[94]

Diese Ethosrelativität versteht Gadamer allerdings nicht als eine Absage an die Rationalität, sondern lediglich als eine Zurückstufung überzogener Begründungsansprüche. Denn wenn die Ethik in ihrem Gehalt wesentlich an das Ethos gebunden ist, dann ist eine Distanz im Ganzen genauso unmöglich wie eine philosophische Letztbegründung. An der Bewegung des Gesprächs wurde ja deutlich, daß die »Forderung einer reflexiven Selbstbegründung [...], wie sie sich von der spekulativ durchgeführten Transzendentalphilosophie Fichtes, Hegels, Husserls aus stellen läßt«, aufgrund der Kontextgebundenheit im Sozialen notwendigerweise unerfüllt bleiben muß. (VW 447) Dies stellt für den Hermeneutiker allerdings auch kein Problem dar. Das Ethos ist weder begründungsfähig noch begründungsbedürftig, da jede Begründung an das Ethos zurückgebunden bleibt. Mit dem Ethos ist erst die Basis angesprochen, »von der aus wir in unserer menschlichen Existenz überhaupt nur den Sinn für Rationalität entwickeln können« (VPP 263). Und diese Rationalität ist eine Rationalität, die im Ethos situiert ist. Von daher gilt: »Kein ›Ethos‹ ohne ›Logos‹« (IPP 239).

Der Rekurs auf die tragenden Gemeinsamkeiten soll also nicht so verstanden werden, daß dies zu einer Vergleichgültigung der »kritischen Rationalität« führte, die in den modernen Wissenschaften ihren exemplarischen Ausdruck erlangt. Der »kritischen Rationalität, die allen Wissenschaften und allem vernünftigen Weltverhalten des Menschen gemeinsam ist«, soll ihr volles Recht gelassen werden. Gegen den neuzeitlichen Rationalismus will Gadamer lediglich der Tradition ihre erkenntnistheoretischen

Rechte zurückgeben und daran erinnern, daß die »rationalen Verfahren und erst recht das methodische Instrumentarium« dieser Rationalität, bei aller denkbaren Verbesserungsfähigkeit, von diesen tragenden Gemeinsamkeiten parasitär abhängig bleiben und daß die wissenschaftliche Rationalität »nur eine sekundäre Funktion auszuüben vermag und nicht dazu hilft, die Fragen, die uns als sterbliche Menschen, als Träger von Kulturen, als Repräsentanten von Traditionen bewegen, überhaupt zu stellen – geschweige denn, denselben die Legitimation zu bestreiten, sie zu eliminieren oder zu reduzieren« (IPP 242).

Mit diesem Konzept einer unreinen, in historischen und sozialen Kontexten situierten Vernunft hat sich die philosophische Hermeneutik in der praktischen Philosophie in einen direkten Gegensatz zum ethischen Formalismus gesetzt – wobei in diesem Zusammenhang natürlich zunächst einmal an Kant sowie an die an Kant anschließende Diskursethik von Apel und Habermas zu denken wäre. Denn dieser Kontextbezogenheit der praktischen Vernunft im Sozialen wird weder der alte noch der neue Formalismus gerecht.

Zwar rechnet es Gadamer Kant als ein bleibendes Verdienst an, die »verhängnisvolle Unreinheit des sittlichen Räsonnements, jenen ›ekelhaften Mischmasch‹ von moralischen und pragmatischen Motiven aufgedeckt zu haben, der die ›praktische Weltweisheit‹ im Zeitalter der Aufklärung als eine höhere Form der Moralität selber gelten ließ«. Im Gegensatz zu Aristoteles, der die Bedingtheit der menschlichen Lebenssituation in den Mittelpunkt der praktischen Philosophie gestellt hat und »die Konkretisierung des Allgemeinen sowie die Applikation auf die jeweilige Situation« als die zentrale Aufgabe der philosophischen Ethik und des sittlichen Verhaltens betrachtete, hat Kant die praktische Vernunft von allen Bedingtheiten der menschlichen Natur abgelöst und in ihrer »transzendentalen Reinheit« präsentiert. (MPE 187)

Und tatsächlich gewinnt ja Kants Ethik ihren normativ-unbedingten Anspruch gegenüber allen Instanzen bloß zufälliger, historisch-empirischer und damit geltungsrelativer Art überhaupt erst durch die radikale wie unhistorische Entgegensetzung von Sein und Sollen, Faktischem und Vernünftigem, empirischer Realität und transzendentaler Idealität, wobei das Reinheitsprädikat zum Signum für Sicherheit, Souveränität und Makellosigkeit avanciert. Auf diese Weise hat Kant »mit seinem ›Formalismus‹ [...] alle falschen Ansprüche von der Idee einer philosophischen Ethik ferngehalten« und »das moralphilosophische Räsonnement der Aufklärung und ihren verblendeten Vernunftstolz zuschanden« gemacht. (MPE 187) Dafür muß er sich jedoch von Gadamer den Vorwurf gefallen lassen, daß der Versuch, Erkennen und Werten durch Rekurs auf absolut sichere, geschichtsimmune und daher reine apriorische Instanzen zu gründen, eine Reihe von Folgeproblemen in sich birgt, die bereits Hegels Kritik an Kant auf den Plan rief.

Diese Kritik, die Gadamer teilt, freilich ohne als Anwalt der konkreten Sittlichkeit auf eine Geschichtsmetaphysik hegelschen Zuschnitts zu rekurrieren, läßt sich in vier Punkten zusammenfassen: Hegels Einwände richten sich erstens gegen den Formalismus, weil der kategorische Imperativ eine Abstraktion von allen besonderen Inhalten der Handlungsmaximen und der Pflichten nötig macht; zweitens gegen den bodenlosen Universalismus, weil der kategorische Imperativ eine Trennung des Allgemeinen vom Besonderen nach sich zieht, so daß die auf dieser Basis begründeten Urteile dem jeweils spezifischen Fall äußerlich bleiben; drittens gegen die Ohnmacht des Sollens, weil der kategorische Imperativ die Frage nicht beantworten kann, wie moralische Einsichten in die Praxis umgesetzt werden, und schließlich viertens gegen den Terrorismus der »reinen Gesinnung«, weil der kategorische Imperativ die reinen Forderungen der praktischen

Vernunft vom Bildungsprozeß der Gattung abtrennt und damit den Anwälten der »moralischen Weltanschauung« eine Politik nahelegt, die sich die Verwirklichung der Vernunft als Ziel setzt und dabei aus einer »unmenschlichen Selbstüberhebung« (MPE 186) unmoralische Handlungen billigend in Kauf nimmt.[95]

Dadurch, daß Kant die »gesetzesprüfende Vernunft« und damit den »Gegensatz zwischen dem Sollen und dem Sein in die Mitte der praktischen Philosophie gerückt und die sittliche Wirklichkeit, das tatsächliche Verhalten der Menschen in Gesellschaft und Staat, zu einer sekundären Problematik« gemacht hat (OPW 192), kam es zu jener unakzeptablen »Überhöhung, die die moralische Selbstgewißheit durch die Postulatenlehre der praktischen Vernunft und ihre Ausbildung zur ›moralischen Weltanschauung‹ erfährt«. Diese Postulatenlehre vermag jedoch die Ausbildung der sittlichen Wirklichkeit im Leben der menschlichen Gesellschaft nicht wirklich zu begründen – was Hegel bereits sehr früh erkannt hat.

So hat Kant mit Recht den »Standpunkt der Freiheit, die Selbstgesetzgebung durch die Vernunft« hervorgehoben. Denn der Sinn des Kantischen Formalismus besteht ja gerade darin, die »Reinheit der sittlichen Vernunftentscheidung gegen alle Trübungen durch die Gesichtspunkte der Neigung und des Interesses [...] zu sichern. Insofern hat der Kantische Rigorismus, der nur eine solche Willensbildung für sittlich wertvoll erklärt, die rein aus Pflicht gegen alle Neigung geschieht, einen klaren methodischen Sinn. Es ist, mit Hegel zu reden, die Gestalt der gesetzesprüfenden Vernunft, die hier vorliegt.« (MPE 179) Gleichwohl erscheint Gadamer Kants Lösung als unbefriedigend, ja als »völlig verfehlt«. Denn obschon sich nicht bestreiten läßt, daß die »Autonomie der sittlichen Vernunft [...] den Charakter der intelligiblen Selbstbestimmung« hat, bedeutet dies doch nicht, daß zwischen der gesetzesprüfenden Vernunft und der Kontextgebundenheit im Sozialen ein strikter Gegensatz aufgerichtet werden darf.

Daher behält Hegel gegen Kant recht, wenn er nicht in der Selbstnötigung einer imperativen Ethik, sondern in der Sitte das Wesen der Sittlichkeit sieht, »das heißt in der Substantialität der sittlichen Ordnung, die in den großen Objektivationen von Familie, Gesellschaft und Staat ihre Verkörperung hat« (MPE 180).[96] Moralisch urteilende Subjekte können gemäß ihrer Einsicht erst dann handeln, wenn sie in einem sittlichen Lebenszusammenhang zu moralisch handlungsfähigen Subjekten herangebildet wurden. Nach Gadamer erzwingt die Aufgabe der Zwei-Reiche-Lehre nicht nur den Verzicht auf die bis zum äußersten zugespitzte Unterscheidung zwischen dem Reich des Intelligiblen, dem Pflicht und freier Wille angehören, und dem Reich des Phänomenalen, das u.a. die Neigungen, die bloß subjektiven Motive sowie die Institutionen des Staates und der Gesellschaft umfaßt. Mit der Aufgabe der Zwei-Reiche-Lehre wird auch klar, daß sich die »Anerkennung menschlicher Bedingtheit (im nachsichtigen Urteil) [...] sehr wohl mit der erhabenen Unbedingtheit des Sittengesetzes« verträgt. (MPE 180)

Ob von dieser Kant-Kritik, die sich das Hegelsche Erbe aus der Sicht der Aristotelischen Güterethik aneignet[97], auch die Diskursethik getroffen wird, die die Grundintentionen Hegels ebenfalls aufnimmt, »um sie mit Kantischen Mitteln einzulösen«[98], ist eine kontrovers diskutierte Frage. Sicher scheint jedoch zunächst, daß Apel und Habermas durchaus in Übereinstimmung mit Gadamer die Zwei-Reiche-Lehre und den monologischen Ansatz Kants aufgeben, daß sie den deontologischen Begriff der Gerechtigkeit, auf den ja Kants Ethik spezialisiert ist, um den strukturellen Begriff des guten Lebens erweitern wollen und daß sie schließlich das Begründungsproblem, dem Kant mit Rekurs auf das »Faktum der Vernunft« bloß ausweicht, mit der Ableitung eines Universalisierungsgrundsatzes aus allgemeinen Argumentationsvoraussetzungen lösen – und zwar »ohne dabei in die metaphysischen Zwickmühlen des Neoaristotelismus zu geraten«[99].

Aus hermeneutischer Sicht sind damit jedoch die Einwände gegenüber der modernen Variante des Formalismus noch nicht zerstreut. Denn auf die Behauptung des Diskurstheoretikers, daß die »Transformation von Fragen des guten und richtigen Lebens in Fragen der Gerechtigkeit die Traditionsgeltung des jeweiligen lebensweltlichen Kontextes außer Kraft setzt« – der diskursethische Universalisierungsgrundsatz, mit dem über strittige moralisch-praktische Fragen ein »rational motiviertes Einverständnis« herbeigeführt werden soll, funktioniert nach Habermas wie ein »Messer, mit dem ein Schnitt zwischen dem Guten und dem Gerechten bzw. zwischen evaluativen und streng normativen Aussagen gelegt wird«[100] –, wird der Hermeneutiker antworten, daß jene tragenden Gewißheiten ja nicht dadurch aufhören, Gewißheiten zu sein, daß wir uns ihnen gegenüber in ein reflexiv-distanziertes Verhältnis setzen. Jede noch so radikale Distanzierung von diesen Gewißheiten bleibt an sie parasitär zurückgebunden.

Zudem lassen sich aus einer hermeneutischen Perspektive zwei weitere Bedenken gegen den diskursethischen Grundsatz anmelden: Prinzipien können erstens nicht die Probleme ihrer eigenen Anwendung regeln, und zweitens verlangt eine solche Anwendung gerade das, was aus Sicht der Hermeneutik durch die Diskurstheorie vergleichgültigt wird: nämlich die praktische Klugheit; Einwände, die der Diskursethiker kaum abweisen kann. Denn auch er muß zugeben, daß diese praktische Klugheit zu der diskursethisch ausgelegten praktischen Vernunft hinzutreten muß.

Aus seiner Sicht folgt allerdings aus diesem Zugeständnis nicht das, was der Hermeneutiker daraus folgern zu können glaubt: »daß der diskursethische Grundsatz allein unter Zuhilfenahme eines Vermögens wirksam werden kann, das die moralischen Urteile an die lokalen Übereinkünfte der Ausgangssituation bindet und in die undurchschaute Provinzialität des jeweiligen geschichtlichen Horizonts einschließt«. Für ihn ist »die transzendierende Kraft eines frontal verstandenen normativen Geltungsanspruchs [...] durch die reflexive Einsicht des Hermeneutikers nicht unwirksam«[101]. Konfrontiert mit dem Vorwurf, daß er den universalistischen Begriff der Moral zugunsten eines kulturalistischen Begriffs der Sittlichkeit preisgibt, kann der Hermeneutiker jetzt jedoch noch immer dafür argumentieren, daß sich Gerechtigkeitsfragen, auf die sich die Diskursethik spezialisiert hat, überhaupt nur im Horizont von immer schon beantworteten Fragen des guten Lebens stellen lassen – wobei der Hermeneutiker dann aber auch wirklich zeigen muß, wie sich mit Rekurs auf das »Faktizitätsapriori« der Vorgeprägtheit all unseres Verstehens und Wertens die Grundnormen einer universalistischen Moral begründen lassen.

So wird man denn Gadamer folgen können, wenn er auf die Vorgeprägtheit des Verstehens und Wertens durch die Zugehörigkeit zu einer partikularen Tradition einer Sprach- und Kulturgemeinschaft aufmerksam macht. Die hermeneutische Einsicht in die Abhängigkeit unseres Verstehens und Wertens von unserem jeweiligen Weltvorverständnis kann auch durch die Diskursethik nicht rückgängig gemacht werden. Die Frage, ob und wie eine rationale Begründung von universellen Normen mit Bezugnahme auf ein partikulares Weltvorverständnis möglich ist, ist damit freilich noch nicht beantwortet.

8. Hermeneutik und Ideologiekritik – Gadamer versus Apel/Habermas

Gegen Gadamers philosophische Hermeneutik und den von ihr erhobenen Universalitätsanspruch sind Ende der sechziger, Anfang der siebziger Jahre von zwei Seiten Einwände erhoben worden: seitens des kritischen Rationalismus von Hans Albert und seitens der kritischen Theorie von Jürgen Habermas und Karl-Otto Apel. Die Einwände von Albert sind sehr knapp und pauschal[102] und haben daher auch kaum nennenswerte Reaktionen im hermeneutischen Lager hervorgerufen. Anders die Kritik von Habermas und Apel. Im Unterschied zu den in Bausch und Bogen formulierten Verdammungsurteilen von Hans Albert, der der philosophischen Hermeneutik einen Verzicht auf die naturwissenschaftliche Methodik vorwarf und in ihr deshalb lediglich eine »Fortsetzung der Theologie mit anderen Mitteln« sah, ein Einwand, den er ebenso gegen Apel und Habermas vortrug, im Unterschied also zu dieser pauschalisierenden Grundsatzverurteilung, begeben sich Habermas und Apel in die Innenhöfe der Theorie, um hier die Diskussion über den Universalitätsanspruch und die normativen Grundlagen der Hermeneutik aufzunehmen.

Von dieser Kritik, mit der überhaupt erst das Gespräch zwischen Vertretern der Hermeneutik und der kritischen Theorie beginnt, hat Gadamer nach eigenem Bekunden einiges gelernt, beispielsweise durch die scharfsinnigen Arbeiten von Habermas, durch die ihm »innerhalb der Sozialwissenschaften der hermeneutische Beitrag sichtbar« wurde, »insbesondere dadurch, daß das Vorverständnis der positivistischen Wissenschaftstheorie, aber auch das einer aprioristischen Phänomenologie und einer allgemeinen Linguistik, mit der hermeneutischen Dimension konfrontiert wird« (RHI 248), was umgekehrt auch von Habermas und Apel bezüglich der Gegenkritik von Gadamer zugegeben wird. Für ihren intellektuellen Entwicklungsweg war diese Debatte gleichfalls von entscheidender Bedeutung. Da diese Diskussion zu den wohl wichtigsten und produktivsten im Nachkriegsdeutschland zählt, vergleichbar nur noch mit dem »Positivismusstreit in der deutschen Soziologie«, da aber die Aufsätze von Apel und Habermas keine einheitliche Argumentationsstruktur aufweisen, werden wir hier ihre Positionen getrennt voneinander vorstellen.

Der Streit um den Universalitätsanspruch der Hermeneutik

Die Debatte um den Universalitätsanspruch der Hermeneutik wurde im Jahr 1967 durch einen Beitrag von Habermas eröffnet, den dieser in der von Gadamer mitherausgegebenen *Philosophischen Rundschau* unter dem Titel *Zur Logik der Sozialwissenschaften* publizierte. Dieser Beitrag ist ein »Literaturbericht«, in dem Habermas die Vorgeschichte, die aktuelle Diskussionslage und die daraus zu ziehenden Konsequenzen für den methodischen Status sowie für das wissenschaftstheoretische Selbstverständnis der Sozialwissenschaften diskutiert. In Auseinandersetzung mit dem phänomenologischen, dem linguistischen und dem hermeneutischen Ansatz argumentiert er für eine sprachtheoretische Fundierung einer normativ gehaltvollen Sozialwissenschaft auf der Basis einer »Theorie der kommunikativen Kompetenz«, die bereits einige Grundzüge der späteren *Theorie des kommunikativen Handelns* trägt.

Im Gegensatz zur wertfreien analytischen Wissenschaftstheorie des kritischen Rationalismus, die soziales Handeln unter Absehung von den lebensweltlichen Hintergrundvoraussetzungen nach dem Modell des Atomismus versteht, beruft sich Habermas dabei vor allem auf die Theorie der »Sprachspiele« von Wittgenstein, auf eine Theorie also, für die der Zusammenhang von Sprache und Handeln konstitutiv ist. Er geht davon aus, daß die »Lebensformen, die Husserls ›Lebenswelten‹ entsprechen«, nicht mehr den Regeln der Synthesis eines Bewußtseins überhaupt folgen, »sondern den Regeln der Grammatik von Sprachspielen«[103], so daß die Intersubjektivität der umgangssprachlichen Kommunikation an der intersubjektiven Geltung grammatischer Regeln festgemacht werden kann. Und mit diesem Rekurs auf die intersubjektive Geltung grammatischer Regeln kann nicht nur die phänomenologische Lebensweltanalyse sprachphilosophisch umgestellt werden. Gleichzeitig und in diesem Zusammenhang wird es nun auch möglich, das Bedeutungs- und Verstehensproblem über den Begriff des regelgeleiteten Verhaltens zu rekonstruieren.

Nun hat Wittgenstein zwar gezeigt, »wie die Regeln sprachlicher Kommunikation die Bedingungen der Möglichkeit ihrer eigenen Anwendung implizieren. [...] Aber Wittgenstein verkennt, daß dieselben Regeln auch die Bedingungen der Möglichkeit ihrer Interpretation einschließen.«[104] Deshalb hat er nicht nur die Praxis der Sprachspiele unhistorisch gefaßt, sondern die Sprachspiele auch zu monadischen Einheiten abgedichtet. Wittgenstein, so der Vorwurf von Habermas, hat nur die Dimension des Sprachspiels als Lebensform analysiert, die mit dem Lebensvollzug problemlos gegeben ist, nicht aber jene, die erst mit der Unterbrechung von Sinnzusammenhängen, z.B. durch Abbruch von Traditionen, auftreten. Deshalb verfügt er auch über keine Theorie des Verstehens im Sinne des *deutenden bzw. interpretie-*

renden Verstehens, durch die sich die philosophische Hermeneutik zu empfehlen weiß.

Gegen diesen »Restpositivismus des linguistischen Ansatzes« führt Habermas den hermeneutischen Ansatz von Gadamer ins Feld. Gadamer habe nämlich zweierlei gezeigt, erstens, daß die Sprachspiele nicht monadologisch geschlossen sind – und zwar nach außen und nach innen –, und zweitens, daß die hermeneutische Praxis eine in historische und soziale Kontexte eingebettete Praxis ist. Denn das deutende bzw. interpretierende Verstehen ist für den Fall, daß die sprachliche Intersubjektivität gebrochen ist, nicht nur auf der horizontalen Ebene zwischen konkurrierenden Sprachspielen notwendig, sondern eben auch auf der vertikalen zwischen den Generationen und Epochen.

»Die hermeneutische Selbstreflexion der Sprachanalyse überwindet die transzendentale Auffassung, die Wittgenstein auch noch angesichts der Vielfalt der Sprachspielgrammatiken festgehalten hatte. Als Tradition umgreift Sprache alle bestimmten Grammatiken und stiftet Einheit in der empirischen Mannigfaltigkeit transzendentaler Regeln.«[105] Die Hermeneutik wahrt aber nicht nur »die Einheit der Vernunft im Pluralismus der Sprachen«, nämlich durch die selbsttranszendierende Kraft der in der Sprache »eingebundenen Vernunft«. Sie setzt sich auch dem naiven Objektivismus entgegen, gegen den sich Habermas auf Gadamers Kritik beruft, die er zusammen mit dessen »eigentlicher Leistung«, dem »Nachweis, daß hermeneutisches Verstehen transzendental notwendig auf die Artikulierung eines handlungsorientierenden Selbstverständnisses bezogen ist«[106], in die sprachtheoretischen Fundamente einer verstehenden und emanzipatorischen Soziologie einzubauen gedenkt.

Gleichwohl folgt er Gadamer nicht bedenkenlos. Habermas kritisiert dreierlei am hermeneutischen Grundansatz: erstens, daß Gadamer »Wahrheit« und »Methode« in einen sich ausschließenden Gegensatz bringt, zweitens, daß Gadamers richtige »Einsicht in die Vorurteilsstruktur des Verstehens« zu einer falschen »Ontologisierung der Sprache und zur Hypostasierung des Überlieferungszusammenhangs« führt, und drittens, daß damit diese Einsicht »zu einer Rehabilitierung des Vorurteils als solchem« umgewendet und die von der Aufklärung gegen alle Autorität aufgebotene »Kraft der Reflexion« verkannt wird, die sich ebenfalls im Verstehen entfaltet.[107]

Gegen Gadamers Ontologisierung der Sprache und die Hypostasierung des Überlieferungszusammenhangs beharrt Habermas auf der Kraft der alles zersetzenden Reflexion. Er betont, daß die reflektierte Aneignung der Tradition die naturwüchsige Substanz der Überlieferung bricht und die Stellung der Subjekte in ihr verändert. Habermas bestreitet also nicht etwa, daß jedem Verstehen ein tragendes Einverständnis vorausliegt. Er bestreitet jedoch, daß der vorgängige Konsens, der jedes Verstehen ebenso eröffnet wie begrenzt, ein vernünftiger Konsens ist. Nach Habermas ist die Sprache nicht nur Ausdruck von Einverständnis, sondern »*auch* ein Medium von Herrschaft und sozialer Macht«[108]. Denn sie dient u.a. der »Legitimation von Beziehungen organisierter Gewalt« und ist daher auch ideologisch. Mit der Trias »Sprache, Arbeit und Herrschaft« will er die hermeneutische Idealisierung der Sprache überwinden und den Universalitätsanspruch der Hermeneutik einschränken.[109]

Habermas betrachtet den von Gadamer angesetzten Konsens als einen Konsens, der sich durchaus hinterfragen läßt – wofür jedoch die Hermeneutik in Ideologiekritik überführt werden müßte. Gegen den vertrauensvollen Gesprächsoptimismus der philosophischen Hermeneutik, der lediglich ein Pseudoeinverständnis auf der Basis des Bestehenden perpetuiert, bietet Habermas die Ideologiekritik auf, um die Kommunikation als Pseudokommunikation und den Konsens als Scheinkonsens zu enttarnen. In einer wirklich freien Gesellschaft, so sein Fazit, darf sich nichts mehr auf die Autorität der Überlieferung gründen.

Nach Habermas deckt »die Einsicht in die Vorurteilsstruktur des Sinnverstehens [...] nicht die Identifizierung des tatsächlich herbeigeführten Konsensus mit dem wahren«[110] ab. Ja, sie führt bei Gadamer über die Hypostasierung des Überlieferungszusammenhangs direkt zu einer »Zurücknahme des Moments der Aufklärung in den Horizont der geltenden Überzeugungen«[111]. Der Gegensatz von Aufklärung und Tradition läßt sich jedoch auch nicht durch die Einsichten der philosophischen Hermeneutik aufheben, so daß dieser Gegensatz im Namen der Aufklärung gegen Gadamer erneut zur Geltung gebracht werden muß.

Dies bewerkstelligt Habermas mit Rekurs auf eine tiefenpsychologische Hermeneutik des Verdachts. Mit ihr will er nicht nur zeigen, daß es bei Gadamer zu einem unhaltbaren Gegensatz von »Wahrheit« und »Methode«[112] kommt und daß die Entgegensetzung von geisteswissenschaftlicher Wahrheit und szientistischer Methode relativiert werden muß, sondern auch, daß es im sozialen Bereich ein »methodisch gesichertes Sinnverstehen« geben kann, das noch hinter das von der philosophischen Hermeneutik explizierte Vorverständnis und den vermeintlichen Konsens zurückzugehen und dieses im Namen einer unverzerrten Kommunikation der Kritik zu unterziehen vermag – womit die Unhintergehbarkeitsthese der Sprache und damit zugleich der Universalitätsanspruch der Hermeneutik durch die kritische Theorie zurückgewiesen wären. Denn wenn sich tatsächlich zeigen sollte, daß jener »Konsensus, in dem Sinnverstehen terminiert, grundsätzlich unter dem Verdacht [steht], pseudokommunikativ erzwungen zu sein«[113], läßt sich der Universalitätsanspruch ja nicht mehr aufrechterhalten. Vielmehr erscheint es dann als gerechtfertigt, daß die »kritische Theorie eine *Erweiterung* der hermeneutischen Reflexion für sich in Anspruch« nehmen kann.[114]

Denn aufrechterhalten ließe sich der Universalitätsanspruch nur dann, wenn »man davon ausgeht, daß der Überlieferungszusammenhang als der Ort möglicher Wahrheit und faktischen Verständigtseins zugleich auch der Ort faktischer Unwahrheit und fortdauernder Gewalt ist«[115]. Doch eben damit hat Gadamer nicht gerechnet.

Doch wie läßt sich ein solcher Nachweis führen? Wie kann überhaupt ein verzerrter von einem unverzerrten Konsens unterschieden werden? Habermas' Auskunft, daß wir uns die Einsichten der Psychoanalyse und der Ideologiekritik zu eigen machen müssen, scheint auf diese Frage keine befriedigende Antwort zu sein. Dies ist auch Gadamer nicht entgangen, der seinerseits in zwei Texten zu den Vorwürfen und den sich daraus ergebenden Ergänzungen Stellung bezogen hat – gemeint sind die Aufsätze *Rhetorik, Hermeneutik und Ideologiekritik* und *Replik zu Hermeneutik und Ideologiekritik.* In beiden Aufsätzen, sie stammen aus den Jahren 1967 und 1971, wird der Universalitätsanspruch der Hermeneutik gegen die Kritik von Habermas und Apel verteidigt. Nachdem Gadamer zunächst klarstellte, daß ihm mit der Kritik am neuzeitlichen Methodenbewußtsein der exakten Wissenschaften keineswegs an einer Entgegensetzung von »Wahrheit« und »Methode« gelegen war, problematisiert er das ideologiekritische Alternativmodell von Habermas. Und dieses, so Gadamer, ist ein Modell, das sich vor der hermeneutischen Metakritik nicht behaupten kann.

Anspielend auf den Vorwurf von Habermas, daß er den Zwangscharakter der gesellschaftlichen Verhältnisse hermeneutisch bagatellisiere, entgegnet Gadamer: »Wer seine Spielpartner auf etwas jenseits ihrer Liegendes hin ›durchschaut‹, d.h., das nicht ernst nimmt, was sie spielen, ist ein Spielverderber, dem man aus dem Weg geht.« (RHI 250) Eine Kritik, die Argumente, die den eigenen Überzeugungen widersprechen, nicht als Argumente gelten läßt, die dem Gesprächspartner oder den gesellschaftlichen Vorurteilen beständig ihren Zwangscharakter entgegenhält und gleichzeitig behauptet, diesem entronnen zu sein, befindet sich in einer schiefen Lage. Denn sie muß sich über einen fundamentalen Unterschied hinwegsetzen: »Im Falle der Psychoanalyse ist im Leiden und im Heilungswunsch des Patienten eine tragende Grundlage für das therapeutische Handeln des Arztes gegeben, der seine Autorität einsetzt und ohne Nötigung die verdrängten Motivationen aufzuklären drängt. Dabei ist eine freiwillige Unterordnung des einen unter den anderen die tragende Basis. Im sozialen Leben dagegen ist der Widerstand des Gegners und der Widerstand gegen den Gegner eine gemeinsame Voraussetzung aller.« (HIK 269)

Ohne im mindesten die kritischen Leistungen der Psychoanalyse und der Ideologiekritik zu bestreiten, argumentiert Gadamer dafür, daß die emanzipatorische Kraft der Reflexion, die von Habermas ideologiekritisch in Anspruch genommen wird, an dem gesellschaftlichen Bewußtsein ihre Grenze finden muß, in welchem sich beide, Analytiker und Patient, zusammen mit allen anderen verstehen. Damit wird nun aber die Analogie zwischen psychoanalytischer und soziologischer Theorie problematisch. Denn selbst Gegensätze und Differenzen im gesellschaftlichen und politischen Bereich sind Resultate von Verständigungsprozessen und als solche nie endgültig, »sondern auf die Wiederaufnahme des Gesprächs in jener ideell unendlichen Interpretationsgemeinschaft bezogen, die zum Begriff der kommunikativen Kompetenz gehören dürfte« (HIK 268).

Gadamer lehnt es dementsprechend ab, in Fällen solcher Gegensätze und Differenzen von Verblendung oder Neurose zu sprechen, da dies »den Alleinbesitz der richtigen Überzeugung voraussetzen« würde. Diesen zu behaupten dürfte jedoch selbst »eine eigene Art von Verblendung sein« (HIK 268). Der Anspruch der »Neomarxisten«, die durch Herrschaftsinteressen verzerrte Kommunikation mittels emanzipatorischer Reflexion aufzulösen, ist daher nicht nur ein Anspruch, der durch die Methode der Psychoanalyse nicht gedeckt werden kann (WP 222), sondern auch eine »anarchistische Utopie«, die der kritischen Theorie zum letzten Leitbild geworden ist. (RHI 250)

Gegen die marxistisch inspirierte Ideologiekritik von Habermas zeigt also Gadamer nicht nur, daß Habermas das Verhältnis zwischen der als »krank« diagnostizierten Gesellschaft und dem »revolutionären Kritiker« in eine falsche Analogie zum Verhältnis von Patient und psychoanalytischem Arzt gesetzt hat, wodurch der Therapeut in die Rolle desjenigen schlüpft, der all jenen ideologischen Zwängen enthoben ist, die er bei seinem Patienten diagnostiziert. Er zeigt auch, daß eine Kritik, »die sich selbst aus aller ideologischer Präokkupation herauszuhalten meint, [...] nicht minder dogmatisch« ist als eine »›positivistische‹ Sozialwissenschaft, die sich als Sozialtechnik versteht« (KPH 114). Völlig zu Recht wirft Gadamer daher der Ideologiekritik vor, daß sie sich »über die eigenen ideologischen Implikationen ihrer Ideologiekritik nicht genügend Rechenschaft« ablegt. (SD 495) Denn ansonsten hätte Habermas nicht die Macht der Reflexion totalisiert und in einen abstrakten Gegensatz zur Tradition gebracht.

Während also Habermas an der aufklärerischen Einsicht in die Macht der zerstörenden Reflexion festhalten will, die für ihn ein »unverlierbares Erbe« darstellt, das »uns vom deutschen Idealismus aus dem Geist des 18. Jahrhunderts vermacht ist«[116], besteht Gadamer weiter auf den Rechten der Tradition, von der sich auch der kritische Diskurs – trotz aller reflexiven Distanz – nicht völlig emanzipieren kann. Die Tradition ist für Gadamer nicht hintergehbar, da selbst noch die kritischste Reflexion an sie zurückgebunden bleibt. Ohne Rekurs auf jene tragenden Vorurteile ist nach Gadamer weder ein Verstehen noch eine kritische Reflexion möglich. Gegen Habermas, der »die hermeneutische Reflexion im gleißenden Lichte einer erklärenden Wissenschaft zur vollen idealistischen Sinntransparenz« glaubt erheben zu können (RHI 265), beharrt Gadamer darauf, daß das, »was der Reflexion unterworfen ist, [...] stets begrenzt gegenüber dem [ist], was durch vorgängige Prägung bestimmt ist« (NW 470).

Gadamer hält es daher für eine »verhängnisvolle Verwirrung der Geister [...], wenn man den dialektischen Charakter aller Reflexion, ihren Bezug auf Vorgegebenes, an das Ideal einer totalen Aufgeklärtheit bindet« (NW 470), da dieses Ideal nur unter den Voraussetzungen der Bewußtseinsphilosophie plausibel gemacht werden kann. Zwar bestreitet auch er nicht, daß jene Vernunft, die unsere Praxis anleitet, eine reflektierte Vernunft ist, die sowohl den Bereich der Anwendung vernünftiger Mittel zur Erreichung vorgegebener Zwecke als auch jenen Bereich der Zweckfragen umfaßt, den Max Weber als irrational aus der Reflexion ausgrenzen wollte. In diesem Punkt stimmen Gadamer und die Ideologiekritik mit ihrer Kritik am kritischen Rationalismus von Popper und Albert überein. Gegen die Ideologiekritik beharrt jedoch Gadamer darauf, daß die kritische Reflexion in dem Moment leer und undialektisch wird, wo sie die Idee einer vollendeten Reflexion denken will, »in der sich die Gesellschaft aus dem beständigen Emanzipationsprozeß, in dem sie sich aus traditionellen Bindungen löst und neue verbindliche Gültigkeiten aufbaut, zu einem endgültigen, freien und rationalen Selbstbesitz erhöbe« (NW 469). Etwas spöttisch hat Gadamer dies auf folgende Formel gebracht: »Mir fehlt an der Ideologiekritik die Ideologiekritik an der Ideologiekritik.«[117]

Dies ist kein Zufall: »Der Reflexionsbegriff, der der Ideologiekritik zugrunde liegt, impliziert nämlich einen abstrakten Begriff von zwangsfreiem Diskurs, der die eigentlichen Bedingungen menschlicher Praxis aus dem Auge verliert« – was mit der »illegitimen Übertragung der therapeutischen Situation der Psychoanalyse« zusammenhängt, die Gadamer deshalb als dem hermeneutischen Gespräch unangemessen zurückgewiesen hat. (SD 500) Anspielend auf den Vorwurf von Habermas, daß er, auf seiner »Hermeneutik bestehend, einem revolutionären Bewußtsein und Veränderungswillen seine Legitimation bestreiten wolle«, hat Gadamer daher geantwortet:

»Wenn ich gegen Habermas sage, daß das Arzt-Patient-Verhältnis für den gesellschaftlichen Dialog nicht genügt, und ihm die Frage stelle: ›Gegenüber welcher Selbstinterpretation des gesellschaftlichen Bewußtseins – und alle Sitte ist eine solche – ist das Hinterfragen und Hintergehen am Platze, etwa im revolutionären Veränderungswillen, und gegenüber welcher nicht?‹, so halte ich diese Frage der von Habermas behaupteten Analogie entgegen. Ihre Beantwortung ist im Falle der Psychoanalyse durch die Autorität des wissenden Arztes gegeben. Im Bereich des Gesellschaftlichen und Politischen fehlt aber die besondere Basis der kommunikativen Analyse, in deren Behandlung sich der Kranke freiwillig, aus Krankheitseinsicht, begibt.« (HIK 269)

So kann es durchaus sein, daß der »revolutionäre Veränderungswille« einer politischen Legitimation fähig ist. Doch »politisch-gesellschaftliche Überzeugungen« sind keiner »theoretischen Legitimation durch die Hermeneutik fähig«. Und sie sind nach Gadamer auch keiner solchen Legitimation »bedürftig«.

Aus dieser Kontroverse um den Universalitätsanspruch der Hermeneutik haben offenkundig beide Seiten gelernt. Während Gadamer im Anschluß an diese Diskussion sehr viel entschiedener als früher das Potential des »kritischen Reflexionswissens« herausgearbeitet hat, hat Habermas schon kurz nach dieser Debatte das tiefenpsychologisch fundierte Verstehenskonzept aufgegeben und durch eine »Universalpragmatik« ersetzt, mit der er die normativen Maßstäbe einer kritischen Gesellschaftstheorie zu begründen suchte.[118] In diesem Zusammenhang hat er zusammen mit Apel nicht nur die Grundlagen einer »Diskursethik«[119] entworfen, die aus unhintergehbaren und insofern alternativlosen Verstehens- und Argumentationsvoraussetzungen universalistische Moral- und Rechtsprinzipien zu begründen sich vornimmt, sondern auch den hermeneutischen Universalitätsanspruch erneuert, den er seinerzeit bestritten hatte.

Der Streit um die normativen Grundlagen der Hermeneutik

Apel, der zusammen mit Habermas in Bonn studiert und dort mit einer Arbeit über Heidegger promoviert hatte, griff ebenfalls mit zwei Aufsätzen in diese Debatte ein; gemeint sind die Aufsätze *Szientistik, Hermeneutik und Ideologiekritik* aus dem Jahr 1968 und *Szientismus oder transzendentale Hermeneutik* aus dem Jahr 1970. Während er im ersten Aufsatz noch im wesentlichen die gleichen Zielsetzungen verfolgt wie Habermas[120], argumentiert er im zweiten für die These, daß die »Hermeneutik der Faktizität« in begründungs- wie in verstehenstheoretischer Hinsicht aufgerüstet werden müsse – eine These, die Apel bis zum heutigen Tag vertritt.

Dementsprechend hat der Streit um die normativen Grundlagen der Hermeneutik eine begründungstheoretische und eine verstehenstheoretische Dimension. In begründungstheoretischer Hinsicht will Apel im Anschluß an Descartes, Kant und Husserl den von der philosophischen Hermeneutik als unmöglich deklarierten Anspruch auf Letztbegründung einlösen. Und in verstehenstheoretischer Hinsicht argumentiert er »mit Gadamer gegen Gadamer« für die These, daß Verstehen nicht nur immer ein Anders-Verstehen, sondern auch ein Besser-Verstehen einschließt. Gegen die philosophische Hermeneutik von Gadamer glaubt Apel Schleiermachers These verteidigen zu können, daß es durchaus möglich sei, einen Autor besser zu verstehen, als dieser sich selbst verstand – eine These, die ja nach Gadamer an die unplausiblen Voraussetzungen der Einfühlungshermeneutik gebunden ist.

Apel bestreitet also nicht etwa die These, daß jedem Mißverstehen ein tragendes Einverständnis vorausliegt. Im Gegenteil: Er hat immer wieder betont, daß er gerade diese Einsicht für eine der zentralen Einsichten der an Heidegger anschließenden Hermeneutik hält. Und er stellt auch nicht in Abrede, daß das hermeneutische Verstehen jeden partikularen Kontext übersteigt. Zumindest in verstehenstheoretischer Hinsicht sind sich Gadamer und Apel hier einig. Die Argumente jedoch, mit denen die *Universalität des hermeneutischen Logos* verteidigt wird, sind nicht identisch. Insofern Apel das hermeneutische Verstehen unter die regulative Idee eines »idealen Konsenses« in einer »idealen Kommunikationsgemeinschaft« stellt, will er nicht nur die begründungstheoretischen Defizite der Hermeneutik ausgleichen, sondern darüber hinaus normativ unbedingte Ansprüche an das Verstehen geltend machen, die er durch die Logosvergessenheit der Hermeneutik in Gefahr gebracht sieht.

Gegen Gadamers These, daß Verstehen immer Anders-Verstehen ist, behauptet Apel, daß es einen »Fortschritt des Verstehens« im besagten Sinne eines immer besseren Verstehens gebe. Dies werde allerdings erst dann deutlich, wenn man analog zum »transzendentalphilosophisch postulierten teleologischen Forschungsprozeß« von Peirce einen teleologischen Verstehensprozeß postuliert, dessen Bezugspunkt »eine *reale [...] Interpretationsgemeinschaft* [ist], in der zugleich eine *ideale, unbegrenzte Gemeinschaft* als Telos vorausgesetzt wird«[121].

Gegen das von Gadamer gezeichnete Bild des Verstehens im Sinne eines Geschehensvollzugs wendet Apel ein, Gadamers Teleologie der Vergangenheit stelle keine angemessene Beschreibung der Logik der hermeneutischen Erfahrung dar, sondern sei eine Folge der Hypostasierung des Überlieferungszusammenhangs durch den gewählten theoretischen Ansatz. Gadamers These, daß die »Überlegenheit dessen, was verstanden werden soll, durch keine Auslegung je ganz einholbar ist« (HIK 265), läßt sich in den Augen von Apel nicht verteidigen. Nach der Auffassung der »Transzendentalhermeneutik« kann nämlich das Verstehen nicht aus der Perspektive der Vergangenheit betrachtet werden; es muß gerade umgekehrt aus der Perspektive eines transzendentalphilosophisch postulierten teleologischen Verstehensprozesses beschrieben werden, da erst auf der Grundlage dieses Perspektivenwechsels Verstehensvollzüge vollständig in den Blick geraten und normativ beurteilt werden können. Es ist für Apel die »Unterstellung der prinzipiellen Überlegenheit der sachlichen Geltungsansprüche des *Interpretandums* gegenüber der – immer schon von der applikativen Traditionsbildung in Anspruch genommenen – Rezeption und Beurteilung durch den Interpreten«, der er nicht zustimmen kann. Denn damit hat die »normative Steuerung des Verstehens« ihren Ort nicht mehr »in der *Zukunft*«, sondern steht unter dem »Primat der Vergangenheit«.

Nun läßt sich sicher leicht zeigen, daß Gadamer bei der Interpretation philosophischer Texte durchaus auch mit einem Besser-Verstehen rechnet. Verstehen ist ein *normativer Begriff* – auch für Gadamer. Gleichwohl hat er seine These, »Verstehen ist in Wahrheit kein Besserverstehen«, sondern ein Anders-Verstehen (WM 302), in verschiedenen Aufsätzen aus den achtziger und neunziger Jahren, insbesondere aber in seiner Auseinandersetzung mit dem Dekonstruktivismus, immer wieder erneuert. Doch genau dies erscheint Apel nicht akzeptabel.

Gegen diese These beruft Apel sich auf Charles Sanders Peirce, der zunächst ebenso wie Gadamer auf die Sinnlosigkeit eines cartesianisch überanstrengten Zweifels und auf die Rolle des Vorurteils im Prozeß der methodisch organisierten Erkenntnisgewinnung aufmerksam gemacht hatte[122], der aber im Unterschied zu Gadamer den begründungstheoretischen Ansatz der Transzendentalphilosophie nicht einfach verwarf, sondern im Rahmen einer Konsenstheorie der Wahrheit sinnkritisch vertiefte. Und ebendiese Peircesche Konsenstheorie überträgt Apel nun im Zusammenhang einer »transzendentalhermeneutischen Interpretation der Peirceschen Semiotik« auf den Verstehensprozeß, um jenes Maß von kritischer Unbedingtheit sicherzustellen, das er bei Gadamer vermißt.

Hier jedoch gibt es für Apel ein Problem: Peirce hat seine Konsenstheorie im Hinblick auf den *wissenschaftlichen Erkenntnisprozeß* entwickelt und nicht im Hinblick auf den *hermeneutischen Verstehensprozeß* – wobei die Pointe seiner Überlegungen darin besteht, daß die Wahrheitsgarantie der Erkenntnis nicht mehr in der transzendentalen Einheit der Apperzeption zu suchen ist, sondern in der Logik des Forschungsprozesses selbst, der im Zusammenhang von Abduktion, Induktion und Deduktion alle falschen Aussagen »in the long run« eliminiert. Daher handelt es sich »bei der Hermeneutik der ›Pragmatischen Maxime‹ nur um den metatheoretischen (=metaszientifischen) Grenzfall einer Hermeneutik der Sinnklärung überhaupt: um die Verdeutlichung von Begriffssinn im Hinblick auf mögliche *experimentelle* Erfahrung«[123].

Soll die »Hermeneutik der ›Pragmatischen Maxime‹« für die Verstehensproblematik fruchtbar gemacht werden, so muß der futuristische Wahrheitsbegriff aus seiner szientistischen Verklammerung herausgelöst und die Idee des »idealen Konsenses« in einer unbegrenzten Forschergemeinschaft zur Idee einer »absoluten Wahrheit der Verständigung in einer unbegrenzten Interpretationsgemeinschaft« erweitert werden. Dies bewerkstelligt

Apel im Anschluß an Josiah Royce. »In Royces Philosophie der Interpretation, welche die Peircesche Semiotik gewissermaßen aus der pragmatischen Kanttransformation in eine neoidealistische Hegeltransformation übersetzt, ist zweifellos die größte Nähe der amerikanischen Philosophie zur deutschen Tradition der philosophischen Hermeneutik erreicht, die [...] mit H.-G. Gadamers Konzeption der Traditions*vermittlung* ebenfalls wieder auf die Linie Hegels zurückbiegt.«[124]

Vergleicht man nun aber die »*existenzialhermeneutische Position* Gadamers mit der *Interpretationstheorie des semiotischen Pragmatismus*«, dann stellen wir nach Apel zweierlei fest: erstens, daß Royce das Verhältnis von Natur- und Geisteswissenschaften auf eine neue Basis gestellt hat, insofern er klarmachte, »daß das ›Verstehen‹ nicht als Konkurrenzunternehmen zum ›Erklären‹ verstanden werden darf, sondern eher als ein kognitives Komplementärphänomen zur szientifischen Erkenntnis objektiver Tatsachen«[125]. Und zweitens, daß Royce auch noch die »szientistische Begrenzung der Verständigungsproblematik [...] aufgehoben« und die »Richtung einer hermeneutischen Transformation der Transzendentalphilosophie angezeigt« hat[126], die analog zu Gadamer dem Problem der hermeneutischen Traditionsvermittlung Rechnung trägt, im Unterschied zu ihm aber diese Traditionsvermittlung als einen teleologischen Prozeß im Sinne Hegels zu denken erlaubt.

Die Pointe von Apel besteht also darin, mit Royce den futuristischen Wahrheitsbegriff von Peirce aus seiner szientistischen Umklammerung herauszulösen, um ihn dann auf das weite Feld des Sinnverstehens übertragen zu können, so daß nun dem transzendentalphilosophisch postulierten teleologischen Forschungsprozeß ein transzendentalphilosophisch postulierter teleologischer Verstehensprozeß zur Seite steht, der sich ebenfalls »in the long run« verwirklicht und in einem »idealen Konsens« terminiert. Damit tritt an die Stelle der regulativen Idee eines infiniten theoretischen Konsenses in einer idealen Experimentier- und Interpretationsgemeinschaft die regulative Idee eines idealen hermeneutischen Konsenses in einer idealen Verständigungsgemeinschaft, die Apel als einen »idealen Grenzwert einer absoluten Wahrheit der Interpretation«[127] bezeichnet – wobei dessen Realisierung mit der »Beseitigung aller Hindernisse der Verständigung« zusammenfallen soll.[128]

Diese Annahme erscheint aus der Perspektive von Gadamer jedoch problematisch. Zwar gibt Gadamer zu, daß »die hermeneutische Sinndimension [...], wie Apel richtig unterstrichen hat, auf das unendliche Gespräch einer idealen Interpretationsgemeinschaft bezogen« ist. (HIK 272) Er glaubt allerdings nicht, daß sich das hermeneutische Gespräch »so weit unter das idealistische Schema der Selbsterkenntnis im Anderssein bringen« läßt, »daß Sinn je voll erfaßt und tradiert würde. Solch idealistischer Begriff des Sinn-Verstehens beirrt meines Erachtens nicht nur Apel, sondern die meisten meiner Kritiker.« (HIK 264)

So hat denn Apel »die Diskussion über die hermeneutische Problemlage durch seine Heranziehung von Peirce und Royce sehr bereichert, indem er den Praxisbezug in allem Sinnverstehen herausarbeitet, und er hat völlig recht, wenn er dabei die Idee einer unbegrenzten Interpretationsgemeinschaft in Anspruch nimmt. Sicherlich ist nur eine solche geeignet, den Wahrheitsanspruch der Verständigungsbemühungen zu legitimieren.« Gadamer bezweifelt aber, daß deshalb die »Legitimation derselben mit der Idee des Fortschritts« zu verknüpfen ist. Denn »die Vielfältigkeit der Interpretationsmöglichkeiten, die erprobt werden, schließt keineswegs aus, daß sich dieselben wechselseitig verschatten. Auch ist die Tatsache, daß im Fortgang dieser Interpretationspraxis dialektische Antithesen hervortreten, keinerlei Garantie für die Annäherung an wahre Synthesen.« (HIK 262)

Gadamers Einwände richten sich also nicht gegen kontrafaktische Rationalitätsunterstellungen im Sinn des »Vorgriffs der Vollkommenheit« und auch nicht gegen die Idee, die reale Kommunikationsgemeinschaft in Zeit und Raum zu entschränken, so daß unter diese Gemeinschaft alle sprach- und vernunftbegabten Wesen fallen. Denn bei dieser Entschränkung kann ja von einer approximativen Annäherung an ein Ideal keine Rede mehr sein. Sie ist strikt kontrafaktisch gedacht, also auch nicht regulativ in dem besagten Sinn, daß wir in unseren Verstehensprozessen durch den »Vorgriff der Vollkommenheit« die Realisierung eines Ideals anstreben, dessen Realisierung gerade das negieren würde, was es ermöglichen soll. Sein Einwand richtete sich gegen die Idealisierung einer zeitenthobenen Intersubjektivität sprachlicher Bedeutungen und die damit verbundene Teleologie der Zukunft; genauer: gegen den *totalisierenden Vorgriff auf ideale Verstehensbedingungen im Sinne eines Grenzwertes des Sinnverstehens*, der als Grenzwert einer idealen Sprache von allen einschränkenden Bedingungen durch historische und soziale Kontexte befreit sein muß, um überhaupt als Maßstab für Verstehensprozesse fungieren zu können. (RHI 262)

Aus hermeneutischer Perspektive erweist sich Apels Projektion somit als sinnkritisch angreifbar. Nach Gadamer dürfen die Möglichkeit des Verstehens und die daran geknüpfte Transparenz des sprachlichen Sinns nicht als der Vorschein eines »letzten« Verstehens – und damit verbunden eines vollständig transparent gewordenen sprachlichen Sinns – mißverstanden werden, da dieses Mißverständnis durch die objektivistische Fehldeutung des performativen Seins des sprachlichen Sinns direkt in die Metaphysik zurückführt. Gadamer hat in unterschiedlichen Zusammenhängen darauf hingewiesen, daß mit derartigen Idealisierungen jene realen Bedingungen der Möglichkeit negiert werden, unter denen ein sprachliches Verstehen überhaupt nur sinnvoll und notwendig ist. Denn eine ideale Kommunikation wäre eine Kommunikation außerhalb und jenseits der Bedingungen der Möglichkeit von Kommunikation, da sie sich durch die Negation der realen Bedingungen der Kommunikation »zur vollen idealistischen Sinntransparenz« erhoben hätte. (RHI 265)

Apels Idee einer idealen Kommunikationsgemeinschaft scheint demnach selbst dann noch paradox zu sein, »wenn sie nur als regulative Idee verstanden wird, der in der Welt nie etwas Wirkliches entsprechen kann; denn es gehört zum Sinn dieser Idee, daß sie uns darauf verpflichtet, auf ihre Realisierung hinzuarbeiten. Das Paradoxe daran ist, daß wir darauf verpflichtet wären, die Realisierung eines Ideals anzustreben, dessen Realisierung das Ende der menschlichen Geschichte wäre.«[129] Genau in diesem Sinn wäre diese Idee dann auch metaphysisch zu nennen. Wenn man nämlich die Konsequenzen dieser Idee ausbuchstabiert, wird diese Idee zur Idee einer Kommunikationsgemeinschaft, die durch die Vergleichgültigung der lebensweltlichen Kontexte »dem Spiel und der Ordnung des Zeichens«[130] entkommen wäre.

Zwar ist es nicht gerade überzeugend, wenn Gadamer meint, mit Rekurs auf den »Vorgriff der Vollkommenheit« dafür argumentieren zu können, daß »die Überlegenheit dessen, was verstanden werden soll, durch keine Auslegung je ganz einholbar« sei (RHI 265), da es sich bei besagtem Vorgriff ja gar nicht um einen wirklichen »Vorgriff«, sondern um eine Wahrheits- und Rationalitätsunterstellung handelt. Die These jedoch, daß sich das hermeneutische Verstehen nicht unter das »idealistische Schema der Selbsterkenntnis im Anderssein« bringen läßt (RHI 264), ist gut begründet.

Gegenüber hermeneutischen Projekten, die durch die objektivistische Fehldeutung von kontrafaktischen Präsuppositionen charakterisiert sind, gilt es daher die Perspektive zu wechseln. Gedeiht nämlich der von Apel zu Recht attackierte hermeneutische Relativismus nur im Schatten des hermeneutischen Absolutismus – eines Absolutismus, der die Rationalität des Verstehens in einem Archimedischen Punkt glaubt sicher verankern zu müssen, um dieses Verstehen gegen relativistische Angriffe verteidigen zu können –, dann wird deutlich, daß Apels suggerierte Alternative von Überlieferung versus Konsens, Teleologie der Vergangenheit versus Teleologie der Zukunft, regulativen Ideen versus Wahrheitsgeschehen[131] eine falsch gestellte Alternative ist.

Gleichwohl läßt sich die Gadamer-Apel-Kontroverse nicht vollständig aus der Perspektive von Gadamer auflösen. Denn beide Verstehenstheorien scheinen normativ überanstrengt. Die von Gadamer, weil sie die wirkungsgeschichtliche Kraft des Kontextes über- und die einschränkenden Bedingungen, denen Verstehensprozesse unterliegen, unterschätzt; die von Apel, weil sie die einschränkenden Bedingungen, denen Verstehensprozesse unterliegen, über- und die wirkungsgeschichtliche Kraft des Kontextes unterschätzt. Beide Verstehenstheorien verhalten sich spiegelbildlich zueinander: Was von der einen unterschätzt wird, wird von der anderen überschätzt und vice versa.

Was freilich »an Apels Einwänden auch unabhängig von seinen teleologischen Denkfiguren Gewicht behält, betrifft die Tendenzen zu einer gewissermaßen umgekehrten Teleologie, gleichsam einer Archäologie der Wahrheit bei Gadamer«[132]. Daher lassen sich Apels Einwände gegen Gadamer in einer schwachen Form auch verteidigen. Dann besagt allerdings Apels Einwand gegen Gadamer nicht mehr, daß das hermeneutische Verstehen einer externen Instanz zu überantworten sei, an der gemessen sich das Verstehen beurteilen läßt, sondern lediglich, daß wir hier und heute *einschränkende Bedingungen kennen,* die es uns im Zusammenhang mit sinnkritischen Testverfahren erlauben, Verstehensprozesse auch in normativer Hinsicht zu beurteilen. Gemessen an Apels normativ überanstrengter Verstehenstheorie ist dies vielleicht immer noch wenig, es ist aber doch genug, um den Gang in einen hermeneutischen Relativismus zu vermeiden und ein richtiges von einem falschen bzw. ein schlechteres von einem besseren Verstehen unterscheiden zu können.

9. Hermeneutik und Dekonstruktion – Gadamer versus Derrida

Wir haben gesehen, daß sich Gadamer, Apel und Habermas bei aller Differenz zumindest in dem Punkt einig sind, daß sich die Idee der Einheit und Universalität der Vernunft auf der hermeneutischen Ebene des Verstehens vertreten läßt. Bei allen Unterschieden im Detail steht der hermeneutische Universalismus nicht zur Disposition. Denn daß das Verstehen jeden partikularen Kontext transzendiert und gegenüber dem Mißverstehen basal ist, gilt ihnen als ausgemacht.

Nicht so Jacques Derrida, der gegen den hermeneutischen Universalismus und die Parasitismusthese eine Reihe von verstehensskeptischen Einwänden geltend gemacht hat, wobei einer der Haupteinwände lautet: Jenes »tragende Einverständnis«, auf welches sich Theorien beziehen, die das Mißverstehen als parasitär abhängig vom gelingenden Verstehen erweisen wollen, gibt es in dieser Form überhaupt nicht. Nicht das Mißverstehen ist vom gelingenden Verstehen parasitär abhängig, vielmehr ist umgekehrt das Mißverstehen gegenüber dem gelingenden Verstehen als fundamental anzusehen.

Behauptet die philosophische Hermeneutik von Schleiermacher bis Gadamer, daß alles Verstehen immer auch ein Miß- bzw. ein Anders-Verstehen *sein kann*, so behauptet der Dekonstruktivismus, daß alles Verstehen notwendigerweise ein Mißverstehen *sein muß*. Die Subversion der Logik der hermeneutischen Erfahrung könne jedoch nur dann angemessen rekonstruiert werden, wenn die auch von Gadamer als gültig akzeptierte These, daß jedes Verstehen ein Anders-Verstehen sei, in die Dimension des semiotischen Prozesses der Verwendung und des Verstehens von Zeichen gerückt wird. Denn erst dann könne deutlich werden, was Gadamer übersehen habe: daß jegliches Bedeutungsverstehen unaufhebbar negativ signiert ist, so daß die konstruktive Betrachtung des gelingenden Verstehens vermittels hermeneutischer Horizontverschmelzungsprogramme aus internen Gründen in eine Krise gerät und folglich zu einer dekonstruktivistischen oder bedeutungszersetzenden Betrachtung führen muß.

Damit hat der Dekonstruktivismus sein Verhältnis zur philosophischen Hermeneutik präzise bestimmt. Fragt die philosophische Hermeneutik, wie ein in Kontexte »integrierendes« Verstehen möglich ist, wobei das hermeneutische Verfahren der Auslegung in der »Vorurteilsstruktur des Verstehens« seinen Halt findet, so fragt der Dekonstruktivismus, wie sich diese Bedingungen der Möglichkeit eines in Kontexte integrierten Verstehens aufgrund ebendieses Kontextbezuges in Bedingungen verkehren, die ein solches gelingendes Verstehen unmöglich machen. Der polemische Einsatzpunkt des Dekonstruktivismus gegenüber der philosophischen Hermeneutik betrifft also die Auslegung der Verstehensdimension inklusive der Bedeutung des Kontextes für den Verstehensprozeß.

In diesem Zusammenhang attestiert der Dekonstruktivismus der Hermeneutik nicht nur, daß sie sich einer Marginalisierung der bedeutungszersetzenden Kraft des Kontextes schuldig macht, sondern darüber hinaus auch eine Komplizenschaft mit der Metaphysik, d.h. mit jener Betrachtungsweise des Verstehens, die sein gelingendes Funktionieren rekonstruiert und in einer »hermeneutischen Teleologie« zu sichern sucht – womit einer der wesentlichen Punkte benannt ist, an dem sich zwischen Hermeneutik und Dekonstruktivismus die Geister scheiden, ein Punkt, der in der Kontroverse zwischen Hermeneutik und Ideologiekritik noch gar keine Rolle spielte.

Kontext und »différance«

Gestützt wird dieses Argument mit dem Verweis auf die Kontextbezogenheit der Bedeutungsbestimmung, also damit, daß der Kontextbezug eine Bedingung der Möglichkeit des Bedeutungsverstehens ist, daß er aber aufgrund seiner prinzipiellen Offenheit als Produzent einer unkontrollierten Differenzbildung auftritt. Derrida, der die Dekonstruktion als eine konsequente Durchführung der transzendentalen Befragung nach der Möglichkeit von Sinn versteht, fragt zunächst analog zu transzendentalphilosophischen Unternehmungen[133] nach den unhintergehbaren Voraussetzungen für »die gewöhnlichste Sache der Welt«[134], nämlich nach dem Funktionieren sinnhaften Verstehens. Er widerspricht jedoch der traditionellen Antwort auf diese Frage, wobei die Frage nach den »Bedingungen der Möglichkeit« des Funktionierens sinnhaften Verstehens deshalb ohne positive Antwort bleiben muß, weil sich unter der als »ultra-transzendental« bezeichneten Betrachtung die »Bedingungen der Möglichkeit« in »die Bedingungen ihrer Unmöglichkeit, der Unmöglichkeit ihrer strengen Reinheit« verkehren.[135]

Dieses nicht kontingente Mißlingen des Verstehens begründet der Dekonstruktivismus aus der konstitutiven wie zersetzenden Rolle, die die Kontextbedingungen für die Bestimmung der Bedeutung von Zeichen spielen. Denn der Kontextbezug determiniert nicht nur die Bedeutung der Zeichen, er zersetzt sie auch, da Kontexte prinzipiell offen und bodenlos sind. Schon in der Auseinandersetzung mit der Phänomenologie Husserls, die Derrida als die modernste, weil »radikalste und kritischste Restauration der Metaphysik der Präsenz« bezeichnet hat[136], wurde das konstitutive Mißlingen von Verstehensprozessen aus der Divergenz zweier kontextbezogener Leistungen begründet: von der, die vom Kontext in der Bestimmung der Bedeutung von Zeichen gefordert wird, und von der, die er recht besehen nicht erbringen kann.

Denn einerseits muß die Identität der Bedeutung zwar gesichert sein, da ein Zeichen nur dann als Zeichen fungieren kann, wenn »seine formale Identität es gestattet, es wieder zu gebrauchen und wiederzuerkennen« (wobei nach Husserl und nach Derrida »diese Identität [...] notwendig eine ideale« sein muß!); andererseits ist diese Identität der Bedeutung aber unmöglich, weil »ein Phonem oder ein Graphem [...] bis zu einem gewissen Grade jeweils notwendig anders [ist], je nach der Operation oder Wahrnehmung, in der es sich repräsentiert«[137]. Dies jedoch bedeutet, daß dann ein jedes Verstehen aufgrund der ebenso konstitutiven wie zersetzenden Rolle der »différance« von Hause aus auf Scheitern angelegt sein muß. Ist Verstehen dann und nur dann möglich, wenn die Bedeutung eine ideale ist, dann, so Derridas Schlußfolgerung, ist Verstehen eben unmöglich. Das differentielle Verhältnis von Identität und Differenz, von Anwesenheit und Abwesenheit, Vernunft und Kontingenz führt unter den vorausgesetzten Prämissen zu einer »›Logik‹ des Abgrundes und der Unentscheidbarkeit«[138], die sich dann auch hermeneutisch nicht mehr beherrschen läßt.

Diese zersetzende Wirkung des Kontextes hat Jonathan Culler wie folgt beschrieben: »Der gesamte Kontext [...] ist weder prinzipiell noch in der Praxis beherrschbar. Derrida stellt fest: ›Dies ist mein Ausgangspunkt: keine Bedeutung kann außerhalb eines Kontextes determiniert werden, aber kein Kontext kann sie ganz ausschöpfen. Ich beziehe mich hier nicht auf Reichtum der Substanz oder semantische Fruchtbarkeit, sondern auf Struktur, die Struktur des Rests oder der Iteration‹.«[139]

Derrida schließt also aus dem Tatbestand, daß die Iteration von Zeichen ein Moment der Veränderung einschließt, auf die weiter reichende These, daß die Iteration mit der Bedeutungsidentität eines Zeichens unvereinbar sei, da die Wiederholbarkeit einerseits eine Bedingung der Möglichkeit des Bedeutungsverstehens ist, andererseits in ihrem verändernden Moment zugleich eine Einspruchsinstanz gegen diese ihr aufgebürdete Funktion darstellt.[140] Diese Gegenläufigkeit zweier Momente wird sowohl von der Identität als auch von der Differenz her begründet: von der Differenz, weil sich nach Derrida in die Identität von Zeichen durch ihre Wiederholung in unbeschränkt vielen Kontexten ein diese Identität zersetzendes Moment einnistet, von der Identität, weil mit der Forderung, die Bedeutung des Zeichens als Identität in dieser differentiellen Verwendung zu denken, kein Modell zur Verfügung steht, das ihrem Differenzmoment in einem nicht metaphysischen Sinn Rechnung trägt. Ist für den ersten Begründungsweg die Differenz zu viel, weil notwendig unendlich und daher bedeutungszersetzend, so ist für den zweiten die Identität zu wenig, weil notwendig beschränkt und daher metaphysisch.[141]

Aus hermeneutischer Perspektive beruht diese Begründung jedoch auf einem Fehlschluß. Denn die Offenheit des Kontextes ist keineswegs Grund und Ursache dafür, daß sich die Identität der Bedeutung zersetzt oder aber nur metaphysisch zu sichern wäre. Zu einer Einspruchsinstanz gegenüber dem gelingenden Verstehen wird der Kontextbezug erst dann, wenn von einer Entscheidung zwischen unterschiedlichen Deutungen nicht mehr gesprochen werden kann. Dies setzt allerdings voraus, daß das Bedeutungsverstehen im monologischen Beilegen von Bedeutungen aufgrund je nur zufällig geteilter Kontextauslegungen besteht. Ebendiese Annahme macht nun auf die falschen Voraussetzungen einer mentalistischen Bedeutungstheorie aufmerksam, die, wie bei Husserl, das Bedeutungsverstehen durch Beilegung von Bedeutungsgehalten durch ein intentionales Bewußtsein erklären will.

»Der Einwand von Derrida [...], daß Verstehen immer wieder zur Aneignung wird und damit Verdeckung der Andersheit einschließt«, stützt sich nach Gadamer zwar auf »eine durchaus nicht abweisbare Erfahrung«. Dennoch deckt diese Erfahrung nicht Derridas Schlußfolgerung. Ja, »die Voraussetzung einer solchen Identifikation, die im Verstehen geschehe«, scheint Gadamer »in Wahrheit eine idealistische, logozentristische Position zu verraten, von der wir uns nach dem Ersten Weltkrieg in der Wiederaufnahme und Kritik am Idealismus [...] getrennt haben« (FHD 130). Gadamer verteidigt die philosophische Hermeneutik also nicht nur gegen die dekonstruktivistische Kritik. Er geht seinerseits zum Angriff über und attestiert dem Dekonstruktivismus, daß er selbst eine »logozentristische Position« sei. Somit wäre nicht Gadamer, sondern Derrida das »in die verdorrten Gefilde der Metaphysik verirrte Schaf«. »Es ist ein falscher Logozentrismus, es ist Metaphysik der *présence*, was Derridas Ausgangspunkt bei der Zeichentheorie verzerrt.« (FHD 128)

Derrida, der laut Gadamer »in gewissem Sinne den gleichen Weg von Heidegger aus eingeschlagen« hat wie er selbst, bleibt noch in der Kritik an der Bewußtseinsphilosophie jenen falschen Voraussetzungen verhaftet, gegen die er opponiert. (FHD 137) Diese falschen Voraussetzungen werden nun zwar sowohl von Gadamer wie von Derrida »dekonstruiert«. Denn beide kritisieren sie ja die Vorstellung, daß sprachliche Zeichen von einem Bewußtsein mit Bedeutung gefüllt und hierdurch Träger von Bedeutungs*intentionen* werden. Und beide verorten sprachliche Bedeutungen horizontal im Verweisungszusammenhang einer Gesamtheit von sprachlichen Zeichen und vertikal in einer prinzipiell unabschließbaren Iteration der Zeichen*verwendung*. Doch im Gegensatz zu Gadamer, der die Paradoxien der intentionalistischen Bedeutungstheorie mittels einer hermeneutischen Gesprächsdialektik auflösen will, »hält Derrida am intentionalistischen Standard der ›Präsenz‹ von Bedeutungen für ein Bewußtsein fest und gelangt, unter Benutzung dieses Standards, zu der Schlußfolgerung, daß die Bedeutung sprachlicher Ausdrücke niemals einem Bewußtsein präsent sein kann, daß sie vielmehr ›etwas‹ in der Kette der Iteration unendlich aufgeschobenes, von Kontext zu Kontext sich entziehendes, konstitutiv von sich selbst Verschiedenes, kurz, daß sie nicht dasjenige ›Etwas‹ ›ist‹, als das sie in der Unterscheidung zwischen Zeichen und Bedeutung, zwischen Signifikant und Signifikat doch immer unterstellt werden muß; daß sie also, gemessen an dieser Unterstellung *nicht(s) ist.* Auf diese Weise«, so Albrecht Wellmer, »werden die Begriffe der Bedeutung, des Sinns, des Verstehens, der Interpretation, der Kommunikation, des Zeichens usw., wird also das gesamte semantische und hermeneutische Vokabular – von dem Derrida zu Recht unterstellt, daß es tief in der reflexiven Struktur unserer Sprachpraxis verankert ist – als Ort eines ›transzendentalen Scheins‹ aufgewiesen, in dem Derrida den eigentlichen, den harten Kern der Metaphysik sieht.«[142]

Derridas hermeneutischer Anarchismus, der die Möglichkeit des gelingenden Verstehens radikal in Frage stellt, und der Versuch, die Iterabilität von Zeichen als Ursache eines ebenso notwendigen wie unvermeidlichen Mißverstehens zu betrachten, lassen sich differenztheoretisch also nur begründen, wenn unplausible Voraussetzungen über den Anspruch auf die Bedeutungsidentität gemacht werden, vor allem die, daß diese »Identität [...] notwendig eine ideale«[143] im Sinne der Präsenzmetaphysik von Husserl sein muß.

Sinn und Bedeutung

Doch von diesen Voraussetzungen hat man sich seitens der philosophischen Hermeneutik seit langem getrennt. Nach Gadamer lag nämlich »die Lehre von der Einheit von Ausdruck und Bedeutung, an der sich Derridas Kritik entzündet hat, [...] schon längst hinter uns, ja schon hinter dem Husserl von 1910« (FHD 128). Von daher wäre Derridas Kritik eine Kritik, die zumindest in der philosophischen Hermeneutik keinen Gegner mehr hätte. Denn das hermeneutische »Selbstverständnis« steht »jenseits von Husserls erster Logischer Untersuchung und dem sogenannten Platonismus der Phänomenologie« (FHD 131).

Gadamer, der nach eigenem Bekunden Derridas Werk seit Jahrzehnten verfolgt hat, weil dieser innerhalb der »französischen Szene« derjenige ist, der mit ihm »die meisten Ausgangspunkte teilte« (FHD 125), bestreitet also gar nicht, daß »Derrida an der Zeichentheorie Husserls seine produktive Kritik ansetzen« konnte. (FHD 134) Er bestreitet jedoch, daß auch die philosophische Hermeneutik von dieser Kritik an der Präsenzmetaphysik betroffen sein soll. Gadamer »kann Derrida darin nicht folgen, daß die hermeneutische Erfahrung etwas mit Metaphysik der Präsenz zu tun haben soll – und gar, daß dies ganz besonders auf das lebendige Gespräch zutreffe« (DH 140).

Es erscheint ihm einfach als unangemessen, die Hermeneutik als »Logozentrismus« oder »gar als Schlimmeres, als ›Phonozentrismus‹ an den Pranger« stellen zu wollen, da völlig unklar ist, »wo in der hermeneutischen Orientierung die Ontologie der *présence* liegen soll«. Definiert sich doch das hermeneutische Gespräch »gerade dadurch, daß nicht im *vouloir-dire,* das das Wort sein soll, sondern in dem, was über alle gefundenen oder gesuchten Worte hinaus gesagt sein will, das Wesen des Verstehens und der Verständigung besteht« (FHD 128). Und dies ist entgegen Derrida »kein Rückgang auf die *écriture*«.

Selbst wenn man Derridas Kritik an den unplausiblen Voraussetzungen der Husserlschen Bedeutungstheorie akzeptiert und diese Kritik zunächst als eine Kritik an einer metaphysischen

Überforderung des Sinnbegriffs versteht, selbst dann noch wären die Konsequenzen bestreitbar, die Derrida aus seiner sicherlich berechtigten Husserl-Kritik zieht. Denn das Phänomen des Sinns würde nur dann *uneingeschränkt* unter die dekonstruktive Betrachtung fallen, wenn sich zeigen ließe, daß unsere alltägliche Praxis des Verwendens und Verstehens von Zeichen nicht nur eine Einspruchsinstanz gegen einen metaphysisch überanstrengten Sinnbegriff darstellt, sondern gegen den Sinnbegriff überhaupt[144] – und tatsächlich behauptet ja Derrida auch, daß unsere Alltagssprache und ihr Sinnbegriff von der Sprache »der abendländischen Metaphysik« nicht zu trennen seien.[145] Dies hat Derrida aber nie wirklich gezeigt.

Bezüglich der Verstehensproblematik kann Gadamer daher die wesenhafte »Differenz«, auf der Derrida mit Recht besteht, durchaus anerkennen, ohne jedoch den Verstehensskeptizismus von Derrida teilen zu müssen. Insofern das hermeneutische Verstehen durch den anderen nicht nur eröffnet, sondern auch begrenzt wird, gehört es für den Hermeneutiker durchaus mit zur »Universalität der hermeneutischen Erfahrung«, daß dieses Verstehen auch von Mißverständnissen durchwirkt ist. Nach Gadamer liegt »keine Inkonsequenz gegenüber dem Anspruch des Verstehens darin, daß diese Erfahrung im Verstehen selber die Erfahrung der eigenen Grenzen in sich schließt. Im Gegenteil. Die Universalität der hermeneutischen Erfahrung geht mit der tatsächlichen Begrenztheit aller menschlichen Erfahrung und mit den Grenzen, die unserer sprachlichen Kommunikation und Möglichkeit der Artikulation gesetzt sind, bestens zusammen.« Ja, das »Leben des Gesprächs, wie schon Humboldt gezeigt hat«, beruht geradezu »auf schwankenden Wortbedeutungen, und alle Verständigung darauf, daß in allem Verstehen auch Mißverstehen ist« (DH 140).

Im Gegensatz jedoch zum Dekonstruktivismus, der die »Einheitlichkeit von Sinn überhaupt« auflöst, beharrt Gadamer freilich auch hier auf dessen Identität in der Nichtidentität (DD 368) – und zwar ohne das vom Dekonstruktivismus so hoch veranschlagte Mißverstehen deshalb bagatellisieren zu müssen. Völlig zu Recht macht Gadamer in diesem Zusammenhang gegen Derrida geltend, daß die »Worteinheit sich aus der Satzeinheit und daß die Satzeinheit sich selbst wieder aus größeren Textzusammenhängen bestimmt« (HS 164), eine These, die heutzutage in der analytischen Philosophie unter dem Stichwort »semantischer Holismus« vertreten und häufig mit den Namen von Quine und Davidson in Verbindung gebracht wird.

Sprachlicher Sinn kann daher auf der Ebene des einzelnen Zeichens, d.h. auf der des Wortes und seiner Bedeutung, überhaupt nicht zum Problem werden, da sich einzelne Zeichen noch gar nicht auf ihren Sinn befragen lassen. Erst auf der Ebene des Satzes (als der kleinsten semantischen Sinneinheit), auf der Ebene des Textes bzw. im Gespräch kann sprachlicher Sinn überhaupt verortet und zum Problem werden, so daß sich auch erst hier die Sinnfrage stellen läßt. Dementsprechend sagt Gadamer: »Die Schriftzeichen als solche haben so wenig wie die einzelnen ›Vokabeln‹ als solche überhaupt einen Sinn.« (HS 161) Wenn dies aber richtig ist und wenn sprachlicher Sinn im Gespräch gründet, dann bedeutet das, daß der dekonstruktivistische Versuch aufgegeben werden muß, die »Sprache von einem solchen Teilelement wie dem Wort und der Bedeutung aus erfassen« zu wollen (FHD 126), weil wir bereits »mit dem ersten Wort in das ganze Spiel der Sprache verwickelt sind. Insofern weist Heidegger auf unser aller Erfahrung, wenn er sagt: ›Die Sprache spricht‹.« (HS 153)

Es ist in diesem Zusammenhang umstritten, ob Gadamer mit dieser These und dem Zugeständnis, daß auch er mit der Herausarbeitung des »dialogischen Charakters der Sprache« »den Ausgangspunkt in der Subjektivität des Subjekts, gerade auch den des Sprechers in seiner Intention auf Sinn, hinter sich« läßt

(TI 335), dem Dekonstruktivismus nicht schon zu weit entgegenkommt. Denn aus der Tatsache, daß sich die Sinnfrage weder auf der Ebene eines vorsprachlichen Sinns (Husserl) noch auf der Wortebene (Derrida) überhaupt sinnvoll stellen läßt, kann ja noch nicht gefolgert werden, daß »die Sprache spricht«[146], so daß einzelne sprachliche Ausdrücke von der Sprache selbst ihre Bedeutungen verliehen bekämen.[147] Aber unabhängig von diesem womöglich über Gebühr starken Zugeständnis an den Dekonstruktivismus läßt sich mit Gadamer zeigen, daß der Metaphysikvorwurf gegenüber der philosophischen Hermeneutik nicht begründet werden kann und daß der hermeneutische Anarchismus eine Position ist, die sich aus einer inkonsequenten Abkehr von den Prämissen der intentionalistischen Semantik erklären läßt. Seitens der philosophischen Hermeneutik ist damit zwar nicht behauptet, daß Mißverständnisse als eine unliebsame Konsequenz des Verstehens vermeidbar sind; wohl aber, daß Mißverständnisse und ihre Identifikation von einem Hintergrund größtenteils nicht in Frage gestellter richtiger Bedeutungszuschreibungen, also vom gelingenden Verstehen, abhängen. Sowenig es Sinn macht, zu sagen, innerhalb bestimmter Sprachspiele würde »*immer* falsch gezogen«, weil es nun einfach keinen Sinn mehr machte, »von einem ›falschen Zug‹ zu reden«[148], sowenig macht es Sinn, zu sagen, daß das Mißverstehen gegenüber dem gelingenden Verstehen basal sei. Durch zu viele Mißverständnisse würde einfach der Bezugspunkt unscharf, vor dem sich Mißverständnisse noch identifizieren ließen. »Daß jemand, der die gleiche Sprache spricht, die Worte, die er gebraucht, in dem mir vertrauten Sinne nimmt, ist eine generelle Voraussetzung, die nur im Einzelfalle fraglich werden kann.« (WM 272)

Verstehenstheorien, die wie der Dekonstruktivismus die Abhängigkeitsbeziehung umkehren und die Mißverstehensthese generalisieren wollen, können daher nicht richtig sein. Denn es lassen sich zwar verschiedene Bedeutungszuschreibungen verständlich machen, dies gelingt uns jedoch nur vor einem Hintergrund gemeinsam geteilter Überzeugungen und Bedeutungen, da es ansonsten weder einen Platz für das Verstehen noch für das Mißverstehen geben würde.[149] Mit der Abweisung der radikalen Verstehensskepsis ist also nicht behauptet, daß es kein Miß- oder kein Anders-Verstehen im Sinne von Schleiermacher, Humboldt oder Gadamer gäbe. Die Hermeneutik will nicht das Miß- oder Anders-Verstehen wegdiskutieren. Damit aber etwas überhaupt falsch oder anders verstanden werden kann, muß es so etwas wie »feste Schienen« und ein zweifelsfreies Verstehen geben, ein Verstehen, das nur möglich ist auf dem Boden einer intersubjektiv geteilten Sprache. Mit der Abweisung der radikalen Verstehensskepsis treten also überhaupt erst die möglichen Kandidaten für ein Miß- oder Anders-Verstehen in den Blick. Und dies sind natürlich dieselben Kandidaten, die als Kandidaten für ein gelingendes Verstehen antreten. Alles, was verstanden werden kann, kann demnach auch miß- oder anders verstanden werden.

Für zahlreiche Hinweise und Anregungen bedanke ich mich bei Cathleen Kantner und bei meiner Tochter Sarah. Ursula Rehs sei herzlich für ihre Unterstützung bei der Drucklegung des Manuskripts gedankt.

Anhang

Anmerkungen

1 Vgl. K. Ch. Köhnke, Entstehung und Aufstieg des Neukantianismus. Die deutsche Universitätsphilosophie zwischen Idealismus und Positivismus, Frankfurt/M. 1986.
2 H. Cohen, Kants Theorie der Erfahrung, Berlin 1885, S. 135.
3 Ebenda, S. 134.
4 Vgl. P. Natorp, Die logischen Grundlagen der exakten Wissenschaften, Leipzig 1910.
5 Ders., Philosophische Systematik, Hamburg 1958, S. 30.
6 Ch. von Wolzogen, »Es gibt«. Heidegger und Natorps »Praktische Philosophie«, in: A. Gethmann-Siefert/O. Pöggeler, Heidegger und die praktische Philosophie, Frankfurt/M. 1988, S. 313-337.
7 H.-G. Gadamer, Die Griechen, unsere Lehrer. Ein Gespräch mit Glenn W. Most, in: Internationale Zeitschrift für Philosophie 1 (1994), S. 140.
8 P. Natorp, Platons Ideenlehre. Eine Einführung in den Idealismus, Leipzig 1921.
9 Vgl. dazu J. Grondin, Hans-Georg Gadamer. Eine Biographie, Tübingen 1999, S. 97 f.
10 N. Hartmann, Grundzüge einer Metaphysik der Erkenntnis, Berlin/Leipzig 1921, S. 1.
11 Vgl. dazu Th. Kisel, Das Entstehen des Begriffsfeldes »Faktizität« im Frühwerk Heideggers, Dilthey-Jahrbuch 4 (1986-87), S. 91-121.
12 M. Heidegger, Ontologie (Hermeneutik der Faktizität), in: ders., Gesamtausgabe, Bd. 63, hrsg. von K. Bröcker-Oltmanns, Frankfurt/M. 1988, S. 15.
13 J. Grondin, Hans-Georg Gadamer, a.a.O., S. 93.
14 Brief von Martin Heidegger an Karl Löwith vom 23.8.1923, zit. nach: J. Grondin, Hans-Georg Gadamer, a.a.O., S. 131.

15 M. Heidegger, Phänomenologische Interpretation zu Aristoteles. Einführung in die phänomenologische Forschung, hrsg. von W. Bröcker und K. Bröcker-Oltmanns, in: ders., Gesamtausgabe, Bd. 61, Frankfurt/M. 1985, S. 116.

16 Vgl. dazu M. Riedel, Hermeneutik und Gesprächsdialektik. Gadamers Auseinandersetzung mit Heidegger, in: ders., Hören auf die Sprache. Die akroamatische Dimension der Hermeneutik, Frankfurt/M. 1990, S. 110.

17 Ebenda, S. 130.

18 H.-G. Gadamer, Die Philosophie in den letzten dreißig Jahren, in: Ruperto-Carola 5 (1951), S. 33 f.; zit. nach: J. Grondin, Hans-Georg Gadamer, a.a.O., S. 316.

19 Vgl. dazu R. Bubner, Hermeneutik und Wissenschaftstheorie aus der Sicht der hermeneutischen Theorie, in: Loccumer Kolloquien 2 (1972), S. 135-145; ders., Die wissenschaftstheoretische Rolle der Hermeneutik, in: ders., Dialektik und Wissenschaft, Frankfurt/M. 1973, S. 89-111.

20 »Philosophie ist universale phänomenologische Ontologie, ausgehend von der Hermeneutik des Daseins, die als Analytik der *Existenz* das Ende des Leitfadens alles philosophischen Fragens dort festgemacht hat, woraus es *entspringt* und wohin es *zurückschlägt*.« M. Heidegger, Sein und Zeit, Tübingen 1979, S. 38.

21 Brief von Martin Heidegger an Otto Pöggeler vom 5.1.1973; zit. nach: O. Pöggeler, Heidegger und die hermeneutische Philosophie, Freiburg/München 1983, S. 395 f.

22 Vgl. dazu U. Tietz, Sprache und Verstehen in analytischer und hermeneutischer Sicht, Berlin 1995.

23 Vgl. dazu O. Pöggeler, Heidegger und die hermeneutische Philosophie, a.a.O., S. 395.

24 M. Riedel, Die akroamatische Dimension der Hermeneutik, in: ders, Hören auf die Sprache, a.a.O., S. 169.

25 M. Heidegger, Sein und Zeit, a.a.O., S. 37.

26 Ders., Aus einem Gespräch von der Sprache, in: ders., Unterwegs zur Sprache, hrsg. von F.-W. von Herrmann, in: ders., Gesamtausgabe, Bd. 12, Frankfurt/M. 1985, S. 115.

27 Ebenda, S. 93 und 115.

28 Vgl. dazu auch M. Theunissen, Der Andere. Studien zur Sozialontologie der Gegenwart, Berlin/New York 1977, S. 156 ff.; U. Tietz, Dasein – Mitsein – Sprache: Heideggers Auffassung über das »Wesen der Sprache« in »Sein und Zeit«, in: Deutsche Zeitschrift für Philosophie 12 (1990), S. 1152-1160.

29 J. Habermas, Philosophisch-politische Profile, Frankfurt/M. 1987, S. 393.

30 Vgl. D. Davidson, Radikale Interpretation, in: ders., Wahrheit und Interpretation, Frankfurt/M. 1990, S. 199.

31 R. Descartes, Meditationen über die Grundlagen der Philosophie, in: ders., Ausgewählte Schriften, hrsg. von G. Irrlitz, Leipzig 1980, S. 170 und 172.

32 I. Kant, Beantwortung der Frage: Was ist Aufklärung?, in: ders., Von den Träumen der Vernunft. Kleine Schriften zur Kunst, Philosophie, Geschichte und Politik, hrsg. von St. und B. Dietzsch, Leipzig/Weimar 1979, S. 225.

33 Vgl. dazu W. Schneiders, Aufklärung und Vorurteilskritik. Studien zur Geschichte der Vorurteilstheorie, Stuttgart-Bad Cannstatt 1983.

34 Vgl. dazu H. Schnädelbach, Geschichtsphilosophie nach Hegel. Probleme des Historismus, Freiburg/München 1974; ders., Zur Dialektik der historischen Vernunft, in: ders., Vernunft und Geschichte. Vorträge und Abhandlungen, Frankfurt/M. 1987, S. 47-63.

35 Vgl. dazu J. Rüsen, Von der Aufklärung zum Historismus. Idealtypische Perspektiven eines Strukturwandels, in: H.W. Blanke (Hg.), Von der Aufklärung zum Historismus, Paderborn/München/Wien/Zürich 1984, S. 15-57.

36 W. Dilthey, Der Aufbau der geschichtlichen Welt in den Geisteswissenschaften, Frankfurt/M. 1981, S. 233 ff.

37 M. Riedel, Einleitung zu: W. Dilthey, Der Aufbau der geschichtlichen Welt in den Geisteswissenschaften, a.a.O., S. 25.

38 Vgl. J. Grondin, Hermeneutische Wahrheit? Zum Wahrheitsbegriff Hans-Georg Gadamers, Königstein/Ts. 1982, S. 138.

39 J. Habermas, Theorie des kommunikativen Handelns, Bd. 1, Frankfurt/M. 1985, S. 65.

40 F. Ast, Grundlinien der Grammatik, Hermeneutik und Kritik, § 75, zit. nach: H.-G. Gadamer/G. Boehm (Hg.), Seminar: Philosophische Hermeneutik, Frankfurt/M. 1976, S. 116 f.

41 Ebenda, S. 117.

42 F.D.E. Schleiermacher, Hermeneutik und Kritik, hrsg. von M. Frank, Frankfurt/M. 1977, S. 95.

43 Vgl. W. Dilthey, Die geistige Welt. Einleitung in die Philosophie des Lebens, in: ders., Gesammelte Schriften, Bd. V, Leipzig/Berlin 1924, S. 334.

44 Zur Hermeneutik von Schleiermacher vgl.: M. Frank, Das individuelle Allgemeine. Textstrukturierung und Textinterpretation nach Schleiermacher, Frankfurt/M. 1985.

45 Vgl. hierzu A. Graeser, Das hermeneutische »als«. Heidegger über Verstehen und Auslegung, in: Zeitschrift für philosophische Forschung 47 (1993), S. 559-572.

46 M. Heidegger, Sein und Zeit, a.a.O., S. 152.

47 Ebenda, S. 152.

48 Ebenda, S. 153.

49 Aber nicht nur bis zu Heidegger war man sich über diese Tragweite im unklaren. Auch heutzutage verkennt die »von logischer Seite gegen die Rede vom ›hermeneutischen Zirkel‹ erhobene Einrede [...], daß hier überhaupt kein wissenschaftlicher Beweisanspruch erhoben wird« – wobei Gadamer hier vor allem die Kritik von Wolfgang Stegmüller im Auge hat. (WM 271) Vgl. W. Stegmüller, Walther von der Vogelweides Lied von der Traumliebe und Quasar 3 C 273. Betrachtungen zum sogenannten Zirkel des Verstehens und zur sogenannten Theoriebeladenheit der Beobachtungen, in: ders., Rationale Rekonstruktion von Wissenschaft und ihrem Wandel, Stuttgart 1986, S. 27-86.

50 Auf die Konvergenz dieser Problemlage zwischen der philosophischen Hermeneutik und der sprachanalytischen Philosophie im Anschluß an Quine und Davidson hat zuerst Rüdiger Bubner aufmerksam gemacht. R. Bubner, Wohin tendiert die analytische Philosophie?, in: Philosophische Rundschau. Eine Zeitschrift für philosophische Kritik 34 (1987), S. 257-281. Vgl. dazu U. Tietz, Zur hermeneutischen Wende der analytischen Philosophie, in: Deutsche Zeitschrift für Philosophie 5 (1994), S. 861-881.

51 W. Künne, Prinzipien der wohlwollenden Interpretation, in: Intentionalität und Verstehen, hrsg. vom Forum für Philosophie Bad Homburg, Frankfurt/M. 1990, S. 213 f. Diesen Gesichtspunkt werden

wir hier nicht verfolgen, da er auch von Gadamer nicht behandelt wird. Hier nur soviel: Fragen, Wünsche, Befehle, Versprechen etc. unterscheiden sich nur durch ihre Moduskomponenten von inhaltsgleichen Aussagesätzen, so daß die vielfältigen Funktionen, die die Sprache erfüllt, sich letztendlich nur über die Form assertorischer Sätze erschließen, da auch die Bedeutung der nichtassertorischen Sätze nur mit Rekurs auf Bedingungen geklärt werden kann, durch die assertorische Sätze wahr gemacht werden.

52 Ebenda, S. 216.

53 L. Wittgenstein, Tractatus logico-philosophicus, in: ders., Werkausgabe, Bd. 1, Frankfurt/M. 1984, § 4.024. Auf den Zusammenhang von Wahrheits- und Behauptbarkeitsbedingungen kann hier nicht eingegangen werden.

54 Ders., A Coherence Theory of Truth and Knowledge, in: E. LePore (Hg.), Truth and Interpretation, Oxford 1986, S. 316.

55 Vgl. dazu K. Petrus, Hermeneutische Erfahrung, in: J. Freuding/ A. Graeser/K. Petrus (Hg.), Der Begriff der Erfahrung in der Philosophie des 20. Jahrhunderts, München 1996, S. 221 f.

56 G.F. Meier, Versuch einer allgemeinen Auslegungskunst, hrsg. von L. Geldsetzer, Düsseldorf 1965, S. 39.

57 Vgl. zu dieser Problematik: W. Künne, Verstehen und Sinn, in: Allgemeine Zeitschrift für Philosophie 6 (1981), S. 1-16; A. Wellmer, »Autonomie der Bedeutung« und »principle of charity« aus sprachpragmatischer Sicht, in: S. Dietz u.a. (Hg.), Sich im Denken orientieren. Für Herbert Schnädelbach, Frankfurt/M. 1996, S. 103-118; U. Tietz, Sprache und Verstehen in analytischer und hermeneutischer Sicht, a.a.O., S. 169 ff.; O. Scholz, Verstehen und Rationalität. Untersuchungen zu den Grundlagen von Hermeneutik und Sprachphilosophie, Frankfurt/M. 1999, S. 134-141.

58 E. Husserl, Logische Untersuchungen, Bd. II/1, in: ders., Gesammelte Werke, Bd. XIX/1, Husserliana, Den Haag/Boston/Lancaster 1984, S. 110. Objektivistisch ist dieses Paradigma insofern, als es davon ausgeht, daß der sprachliche Sinn vor seinem möglichen Ausgedrücktwerden und Verstehen quasi schon fertig da, eben vorhanden ist, so daß es nur noch gilt, diesen Sinn richtig aufzufassen, auszudrücken, zu verstehen, auszulegen, zu übersetzen, ohne ihm etwas hinzuzufügen. In der Kritik an einem solchen objektivistischen Verständnis

des sprachlichen Sinns sind sich die philosophische Hermeneutik, Wittgensteins Spätphilosophie, die Transzendental- und Universalpragmatik von Apel und Habermas, die semantische Sprachtheorie von Quine und Davidson und der Dekonstruktivismus von Derrida einig. Die philosophische Hermeneutik teilt mit den hier genannten Positionen die Auffassung, daß das Sein des sprachlichen Sinns nicht an das Sein des gegenständlich Vorhandenen angeglichen werden darf.

59 Vgl. dazu M. Theunissen, Der Andere, a.a.O., S. 173.

60 E. Husserl, Die Krisis der europäischen Wissenschaften und die transzendentale Phänomenologie, in: ders., Gesammelte Werke, Bd. VI, Husserliana, Den Haag 1976, S. 465.

61 J. Habermas, Ein Literaturbericht (1967): Zur Logik der Sozialwissenschaften, in: ders., Zur Logik der Sozialwissenschaften, 6. Aufl., Frankfurt/M. 1985, S. 359. Ähnliche Einwände erhoben: H.R. Jauß, Literaturgeschichte als Provokation, Frankfurt/M. 1970, S. 186; M. Frank, Das individuelle Allgemeine, a.a.O., S. 23; G. Patzig, Erklären und Verstehen. Bemerkungen zum Verhältnis von Natur- und Geisteswissenschaften, in: Neue Rundschau 84 (1973), S. 407.

62 J. Habermas (Hg.), Hermeneutik und Ideologiekritik, Frankfurt/M. 1971. Vgl. auch R. Bubner/K. Cramer/R. Wiehl (Hg.), Hermeneutik und Dialektik. Festschrift für Hans-Georg Gadamer, 2 Bde., Frankfurt/M. 1970.

63 Vgl. J. Grondin, Hermeneutische Wahrheit?, a.a.O., S. 144.

64 A. Wellmer, Zur Kritik der hermeneutischen Vernunft, in: Ch. Demmerling/G. Gabriel/Th. Rentsch (Hg.), Vernunft und Lebenspraxis. Philosophische Studien zu den Bedingungen einer rationalen Kultur. Für Friedrich Kambartel, Frankfurt/M. 1995, S. 154.

65 Vgl. ebenda, S. 139.

66 Vgl. D. Teichert, Erfahrung, Erinnerung, Erkenntnis. Untersuchungen zum Wahrheitsbegriff der Hermeneutik Gadamers, Stuttgart 1991, S. 113.

67 Brief von Hans-Georg Gadamer an Jean Grondin, zit. nach: J. Grondin, Hermeneutische Wahrheit?, a.a.O., S. 160.

68 Ebenda.

69 Vgl. dazu W. Künne, Sehen. Eine sprachanalytische Betrachtung, in: Logos 2 (1995), S. 103-121.

70 Vgl. dazu M. Seel, Über Richtigkeit und Wahrheit. Erläuterungen zum Begriff der Welterschließung, in: Deutsche Zeitschrift für Philosophie 3 (1993), S. 509-524.

71 L. Wittgenstein, Philosophische Untersuchungen, in: ders., Werkausgabe, Bd. 1, a.a.O., § 241.

72 Ebenda, § 199.

73 Gadamer sagt selbst: »Wer das ›Ansichsein‹« seinen »›Ansichten‹ entgegenstellt, muß entweder theologisch denken – dann ist das Ansichsein nicht für ihn, sondern allein für Gott –; oder er wird luziferisch denken, als einer, der sich seine eigene Göttlichkeit dadurch beweisen möchte, daß ihm die ganze Welt zu gehorchen hat – dann ist ihm das Ansichsein der Welt eine Einschränkung der Allmacht seiner Einbildungskraft.« (WM 451)

74 Vgl. W. Sellars, Empiricism and the Philosophy of Mind, in: Minnesota Studies in the Philosophy of Mind 1 (1956), S. 271 f.

75 Vgl. H.-H. Kögler, Die Macht des Dialogs. Kritische Hermeneutik nach Gadamer, Foucault und Rorty, Stuttgart 1992, S. 53.

76 A. Wellmer, Zur Kritik der hermeneutischen Vernunft, a.a.O., S. 150.

77 Vgl. K. Bühler, Die Axiomatik der Sprachwissenschaften, Frankfurt/M. 1969, S. 94 ff.

78 A. Wellmer, Zur Kritik der hermeneutischen Vernunft, a.a.O., S. 137.

79 J.R. Searle, Sprechakte. Ein sprachphilosophischer Essay, Frankfurt/M. 1984, S. 61 ff.

80 Vgl. dazu E. v. Savigny, Die Philosophie der normalen Sprache, Frankfurt/M. 1974, S. 91-126.

81 L. Wittgenstein, Philosophische Grammatik, in: ders., Werkausgabe, Bd. 4, Frankfurt/M. 1991, S. 160.

82 Ebenda, S. 88.

83 Ebenda, S. 131.

84 Es läßt sich nicht bestreiten, »daß, wer angeredet wird, hören muß«. Genausowenig läßt sich jedoch bestreiten, daß sprachliche Ausdrücke, bevor sie gehört werden können, erst einmal erzeugt werden müssen – und zwar nicht von einem »Wort«, das »uns meint und anredet«, sondern von einem Sprecher, der sich selbst verstehen muß, um von anderen verstanden werden zu können.

85 Vgl. dazu H. Schnädelbach, Rationalität, in: Ethik und Sozialwissenschaften 1 (1998), S. 6.

86 Vgl. L. Wittgenstein, Logische Untersuchungen, a.a.O., § 257 ff.
87 Ob ein Schachspiel ein interessantes oder langweiliges Spiel ist, ist nur aus der Perspektive *kompetenter* Schachspieler zu beurteilen. Zwar kann auch ein Nichtschachspieler einer Schachpartie zusehen. »Er sieht das Vorrücken der Figuren so gut wie sein Nachbar, der spielen kann. Aber der Zuschauer, der nicht spielen kann, kann etwas nicht tun, was sein Nachbar kann: die Dummheit der Spieler beurteilen.« G. Ryle, Der Begriff des Geistes, Suttgart 1969, S. 63. Die Kompetenz zur Regelbefolgung ist also immer auch eine Beurteilungskompetenz.
88 L. Wittgenstein, Philosophische Grammatik, a.a.O., S. 185.
89 Vgl. Aristoteles, Nikomachische Ethik, Buch VI, 7. Aufl., Berlin 1979, S. 122-140.
90 M. Riedel, Heidegger und der hermeneutische Weg zur praktischen Philosophie, in: ders., Für eine zweite Philosophie. Vorträge und Abhandlungen, Frankfurt/M. 1988, S. 173.
91 Vgl. ebenda, S. 191.
92 Vgl. H. Schnädelbach, Was ist Neoaristotelismus?, in: ders., Zur Rehabilitierung des »animal rationale«. Vorträge und Abhandlungen 2, Frankfurt/M. 1992, S. 212.
93 Ebenda, S. 212 und 221.
94 Eine ähnliche Position wird auch von Rüdiger Bubner gegen den »ethischen Formalismus« vertreten: »Einfache praktische Vernunft, die sich als Klugheit in der Pluralität von Maximen und in dem auf Welt gerichteten Interesse eines handelnden Wesens niederschlägt, ist stets empirisch bedingt und daher nicht vernünftig genug, um Vernunft ganz als sie selber zum Ausdruck zu bringen.« R. Bubner, Moralität und Sittlichkeit – die Herkunft eines Gegensatzes, in: Moralität und Sittlichkeit. Das Problem Hegels und die Diskursethik, hrsg. von W. Kuhlmann, Franfurt/M. 1986, S. 69.
95 Vgl. G.W.F. Hegel, Phänomenologie des Geistes, in: ders., Werke, Bd. 3, Frankfurt/M. 1972, S. 441 ff.
96 Eine neuhumanistische Variante der hermeneutischen Ethos-Ethik vertritt: J. Ritter, Metaphysik und Politik. Studien zu Aristoteles und Hegel, Frankfurt/M. 1977.
97 Vgl. dazu auch A. MacIntyre, Verlust der Tugend, Frankfurt/M. 1978; Ch. Taylor, Quellen des Selbst. Die Entstehung der neuzeitlichen

Identität, Frankfurt/M. 1994; ders., Die Motive einer Verfahrensethik, in: R. Bubner, Moralität und Sittlichkeit, a.a.O., S. 101-135.

98 J. Habermas, Treffen Hegels Einwände gegen Kant auch auf die Diskursethik zu?, in: ders., Erläuterungen zur Diskursethik, Frankfurt/M. 1991, S. 17.

99 Ebenda, S. 20.

100 Ders., Was macht eine Lebensform »rational«?, in: ders., Erläuterungen zur Diskursethik, a.a.O., S. 33 und 35.

101 Ebenda, S. 43.

102 Vgl. H. Albert, Traktat über kritische Vernunft, Tübingen 1968; ders., Plädoyer für kritischen Rationalismus, München 1971; ders., Kritik der reinen Hermeneutik. Der Antirealismus und das Problem des Verstehens, Tübingen 1994.

103 J. Habermas, Zur Logik der Sozialwissenschaften, a.a.O., S. 240.

104 Ebenda, S. 277.

105 Ebenda, S. 307.

106 Ebenda, S. 295.

107 Ebenda, S. 303.

108 Ebenda, S. 307.

109 Ebenda, S. 309.

110 Ders., Der Universalitätsanspruch der Hermeneutik, in: ders., Zur Logik der Sozialwissenschaften, a.a.O., S. 361. Eine kritisch über sich aufgeklärte Hermeneutik »bindet Verstehen an das Prinzip vernünftiger Rede, dem zufolge Wahrheit nur durch *den* Konsensus verbürgt sein würde, der unter den idealisierten Bedingungen unbeschränkter und herrschaftsfreier Kommunikation erzielt worden wäre und auf Dauer behauptet werden könnte.« Ebenda, S. 362.

111 Ebenda, S. 364 f.

112 Ein ähnlicher Vorwurf findet sich in: E. Tugendhat, The Fusion of Horizons (Gadamer-Rezension), in: ders., Philosophische Aufsätze, Frankfurt/M. 1992, S. 428.

113 J. Habermas, Der Universalitätsanspruch der Hermeneutik, a.a.O., S. 361.

114 A. Wellmer, Kritische Gesellschaftstheorie und Positivismus, Frankfurt/M. 1969, S. 51.

115 Ebenda, S. 48 f. Vgl. J. Habermas, Der Universalitätsanspruch der Hermeneutik, a.a.O., S. 361.

116 J. Habermas, Zur Logik der Sozialwissenschaften, a.a.O., S. 305.
117 Interview. Cord Barkhausen spricht mit Hans-Georg Gadamer, in: Sprache und Literatur in Wissenschaft und Unterricht, Paderborn/München 1986, S. 97.
118 Vgl. J. Habermas, Theorie des kommunikativen Handelns, Bd. 1, a.a.O., S. 7.
119 Ders., Moralbewußtsein und kommunikatives Handeln, Frankfurt/M. 1983; ders., Erläuterungen zur Diskursethik, Frankfurt/M. 1991; ders., Faktizität und Geltung. Beiträge zur Diskurstheorie des Rechts und des demokratischen Rechtsstaats, Frankfurt/M. 1992.
120 Vgl. K.-O. Apel, Szientistik, Hermeneutik und Ideologiekritik, in: ders., Transformation der Philosophie, Bd. 2, 4. Aufl., Frankfurt/M. 1988, S. 178-219.
121 Ders., Szientismus oder transzendentale Hermeneutik, in: ders., Transformation der Philosophie, Bd. 2, a.a.O., S. 198.
122 Vgl. dazu Ch. S. Peirce, Schriften zum Pragmatismus und Pragmatizismus, hrsg. von K.-O. Apel, Frankfurt/M. 1991, S. 40 f.; ders., Semiotische Schriften, Bd. 2, Frankfurt/M. 1990, S. 197 ff. Vgl. dazu auch K.-O. Apel, Der Denkweg von Charles S. Peirce. Eine Einführung in den amerikanischen Pragmatismus, Frankfurt/M. 1975, S. 121 f.
123 K.-O. Apel, Szientismus oder transzendentale Hermeneutik?, a.a.O., S. 197.
124 Ebenda, S. 206.
125 Ebenda, S. 201.
126 Ebenda, S. 207 und 200.
127 Ebenda, S. 215.
128 Ebenda, S. 217.
129 A. Wellmer, Wahrheit, Kontingenz, Moderne, in: ders., Endspiele: Die unversöhnliche Moderne. Essays und Vorträge, Frankfurt/M. 1993, S. 162.
130 J. Derrida, Die Struktur, das Zeichen und das Spiel im Diskurs der Wissenschaft vom Menschen, in: ders., Die Schrift und die Differenz, Frankfurt/M. 1976, S. 441.
131 K.-O. Apel, Regulative Ideen oder Wahrheits-Geschehen? Zu Gadamers Versuch, die Frage nach den Bedingungen der Möglichkeit gültigen Verstehens zu beantworten, in: ders., Auseinandersetzungen in

Erprobung des transzendentalpragmatischen Ansatzes, Frankfurt/M. 1998, S. 569-608.

132 A. Wellmer, Zur Kritik der hermeneutischen Vernunft, a.a.O., S. 142.

133 In dieser Hinsicht versteht sich die Dekonstruktion selbst als transzendentale Analyse. Vgl. J. Derrida, Grammatologie, Frankfurt/M. 1983, S. 105 ff.

134 Ders., Randgänge der Philosophie, Frankfurt/M./Berlin/Wien 1976, S. 153.

135 Ebenda.

136 Ders., Grammatologie, a.a.O., S. 86.

137 Ders., Die Stimme und das Phänomen, Frankfurt/M. 1979, S. 103.

138 J. Bernett, Differenz und Anwesenheit. Derridas und Husserls Phänomenologie der Sprache, der Zeit, der Geschichte, der wissenschaftlichen Rationalität. Studien zur neueren französischen Phänomenologie. Ricœur, Foucault, Derrida, in: Phänomenologische Forschungen 18, hrsg. von W. Orth, Freiburg/München 1986, S. 55.

139 J. Culler, Dekonstruktion. Derrida und die poststrukturalistische Literaturtheorie, Reinbek 1994, S. 137.

140 Vgl. Ch. Menke, Die Souveränität der Kunst. Ästhetische Erfahrung nach Adorno und Derrida, Frankfurt/M. 1991, S. 221.

141 Vgl. ebenda.

142 A. Wellmer, Metaphysik im Augenblick ihres Sturzes, in: ders., Endspiele, a.a.O., S. 215 f.

143 J. Derrida, Die Stimme und das Phänomen, a.a.O., S. 103.

144 Vgl. Ch. Menke, »Absolute Interrogation« – Metaphysikkritik und Sinnsubversion bei Jacques Derrida, in: Philosophisches Jahrbuch 2, 97. Jg. (1990), S. 352 f.

145 J. Derrida, Positionen. Gespräche mit H. Ronse, J. Kristeva, J.-L. Houdebine, G. Scarpetta, Graz/Wien 1986, S. 55. Gadamer hingegen hat schon gegen Heidegger betont, daß er eine solche »undifferenzierte Redeweise« ablehnt. »Es gibt keine Sprache der Metaphysik« (FHD 132), so seine kurze und bündige Entgegnung.

146 M. Heidegger, Die Sprache, in: ders., Unterwegs zur Sprache, Gesamtausgabe, Bd. 12, hrsg. von F.-W. von Herrmann, Frankfurt/M. 1985, S. 17.

147 Vgl. ders., Das Wort. Die Bedeutung der Wörter, in: D. Papenfuss/O. Pöggeler (Hg.), Zur philosophischen Aktualität Heideggers, Bd. 3, Frankfurt/M. 1992, S. 13.

148 L. Wittgenstein, Zettel, in: ders., Über Gewißheit, Werkausgabe, Bd. 8, a.a.O., § 133.

149 Dieser Gedanke wird auch von Wittgensteins Gebrauchstheorie der Bedeutung, von der pragmatischen Bedeutungstheorie von Apel und Habermas und von Davidsons semantischer Interpretationstheorie bestätigt.

Literaturhinweise

1. Sigelverzeichnis der zitierten Texte Gadamers

H.-G. Gadamer, Gesammelte Werke in 10 Bänden, Tübingen 1990-1995, zit. als GW.

BZW	Bürger zweier Welten, in: GW, Bd. 10, S. 225-237.
DD	Destruktion und Dekonstruktion, in: GW, Bd. 2, S. 361-372.
DH	Dekonstruktion und Hermeneutik, in: GW, Bd. 10, S. 138-147.
DPD	Das Problem Diltheys. Zwischen Romantik und Positivismus, in: GW, Bd. 4, S. 406-424.
EH	Das Erbe Hegels, in: GW, Bd. 4, S. 463-483.
FHD	Frühromantik, Hermeneutik und Dekonstruktivismus, in: GW, Bd. 10, S. 125-137.
GP	Die Geschichte der Philosophie, in: GW, Bd. 3, S. 297-307.
H	Hermeneutik, in: GW, Bd. 2, S. 425-436.
HDS	Die Hermeneutik und die Dilthey-Schule, in: GW, Bd. 10, S. 185-205.
HH	Hermeneutik und Historismus, in: GW, Bd. 2, S. 387-424.
HIK	Replik zu Hermeneutik und Ideologiekritik, in: GW, Bd. 2, S. 251-275.
HOD	Hermeneutik und ontologische Differenz, in: GW, Bd. 10, S. 58-70.
HPP	Hermeneutik als praktische Philosophie, in: Rehabilitierung der praktischen Philosophie, Bd. 1, hrsg. von M. Riedel, Freiburg 1972, S. 325-344.
HS	Hermeneutik auf der Spur, in: GW, Bd. 10, S. 148-174.
IG	Die Idee des Guten zwischen Plato und Aristoteles, in: GW, Bd. 7, S. 128-227.

IPP	Die Idee der praktischen Philosophie, in: GW, Bd. 10, S. 238-246.
KG	Die Kontinuität der Geschichte und der Augenblick der Existenz, in: GW, Bd. 2, S. 133-145.
KPH	Klassische und philosophische Hermeneutik, in: GW, Bd. 2, S. 92-117.
LL	Von Lehrenden und Lernenden, in: GW, Bd. 10, S. 331-335.
LT	Lob der Theorie, in: GW, Bd. 4, S. 37-51.
ME	Metaphysik der Erkenntnis. Zu dem gleichnamigen Buch von Nicolai Hartmann, in: Logos 12 (1923/24), S. 340-359.
MPE	Über die Möglichkeit einer philosophischen Ethik, in: GW, Bd. 4, S. 175-188.
NS	Die Natur der Sache und die Sprache der Dinge, in: GW, Bd. 2, S. 66-76.
NW	Nachwort zur 3. Auflage, in: GW, Bd. 2, S. 449-478.
OPW	Das ontologische Problem des Wertes, in: GW, Bd. 4, S. 189-202.
PDE	Platos dialektische Ethik, in: GW, Bd. 5, S. 3-163.
PL	Philosophie und Literatur, in: GW, Bd. 8, S. 240-257.
PLJ	Philosophische Lehrjahre. Eine Rückschau, Frankfurt/M. 1995.
PSS	Das Problem der Sprache bei Schleiermacher, in: GW, Bd. 4, S. 361-373.
PW	Praktisches Wissen, in: GW, Bd. 5, S. 230-248.
RHI	Rhetorik, Hermeneutik und Ideologiekritik. Metakritische Erörterungen zu Wahrheit und Methode, in: GW, Bd. 2, S. 232-250.
SD	Selbstdarstellung Hans-Georg Gadamer, in: GW, Bd. 2, S. 479-508.
SR	Schreiben und Reden, in: GW, Bd. 10, S. 354 f.
SV	Sprache und Verstehen, in: GW, Bd. 2, S. 184-198.
UHP	Die Universalität des hermeneutischen Problems, in: GW, Bd. 2, S. 219-231.
VPP	Vernunft und praktische Philosophie, in: GW, Bd. 10, S. 259-266.
VW	Vorwort zur 2. Auflage, in: GW, Bd. 2, S. 437-448.
W	Was ist Wahrheit?, in: GW, Bd. 2, S. 44-56.

WM Wahrheit und Methode, in: GW, Bd. 1.
WP Was ist Praxis? Die Bedingungen gesellschaftlicher Vernunft, in: GW, Bd. 4, S. 216-238.
WPP Wertethik und praktische Philosophie, in: GW, Bd. 4, S. 203-215.
ZPD Zwischen Phänomenologie und Dialektik. Versuch einer Selbstkritik (1985), in: GW, Bd. 2, S. 3-23.
ZV Vom Zirkel des Verstehens, in: GW, Bd. 2, S. 57-65.

2. Ausgewählte Sekundärliteratur

H. Albert, Kritik der reinen Hermeneutik. Der Antirealismus und das Problem des Verstehens, Tübingen 1994.

F. Ambrosio, Gadamer, Plato, and the Discipline of Dialogue, in: International Philosophical Quarterly 27/1 (1987), S. 17-32.

K.-O. Apel, Die Erklären-Verstehen-Kontroverse in transzendentalpragmatischer Sicht, Frankfurt/M. 1979.

Ders., Szientistik, Hermeneutik und Ideologiekritik, in: ders., Transformation der Philosophie, Bd. 2: Das Apriori der Kommunikationsgemeinschaft, 4. Aufl., Frankfurt/M. 1988, S. 96-127.

Ders., Szientismus oder transzendentale Hermeneutik, in: ders., Transformation der Philosophie, Bd. 2, a.a.O., S. 178-219.

Ders., Regulative Ideen oder Wahrheits-Geschehen? Zu Gadamers Versuch, die Frage nach den Bedingungen der Möglichkeit gültigen Verstehens zu beantworten, in: ders., Auseinandersetzungen in Erprobung des transzendentalpragmatischen Ansatzes, Frankfurt/M. 1998, S. 569-608.

R.J. Bernstein, From Hermeneutics to Praxis, in: B.R. Wachterhauser (Hg.), Hermeneutics and Modern Philosophy, Albany 1986, S. 87-110.

Ders., What is the Difference that Makes a Difference? Gadamer, Habermas, and Rorty, in: B.R. Wachterhauser (Hg.), Hermeneutics and Modern Philosophy, a.a.O., S. 343-376.

E. Betti, Die Hermeneutik als allgemeine Methodik der Geisteswissenschaften, Tübingen 1962.

Ders., Allgemeine Auslegungslehre als Methodik der Geisteswissenschaften, Tübingen 1967.

D. Böhler, Philosophische Hermeneutik und hermeneutische Methode, in: H. Hartung/W. Heistermann/P.M. Stephan (Hg.), Fruchblätter, Berlin 1977, S. 15-43.
Ders., Hermeneutik und Transzendentalpragmatik. Das Dialogische als Sprachstruktur und Verstehensprinzip, Freiburg/München 1985.
O.F. Bollnow, Studien zur Hermeneutik, 2 Bde., München 1982.
R. Bontekoe, A Fusion of Horizons: Gadamer and Schleiermacher, in: International Philosophical Quarterly 27/1 (1987), S. 3-16.
R. Bubner, Hermeneutik und Wissenschaftstheorie aus der Sicht der hermeneutischen Theorie, in: U. Gerber (Hg.), Hermeneutik als Kriterium für Wissenschaftlichkeit?, Loccumer Kolloquien 2 (1972), S. 135-145.
Ders., Handlung, Sprache und Vernunft, Frankfurt/M. 1976.
Ders., Wohin tendiert die analytische Philosophie?, in: Philosophische Rundschau. Eine Zeitschrift für philosophische Kritik 34 (1987), S. 257-281.
Ders., Essays in Hermeneutics and Critical Theory, New York 1988.
R. Bubner/K. Cramer/R. Wiehl (Hg.), Hermeneutik und Dialektik. Festschrift für Hans-Georg Gadamer, 2 Bde., Frankfurt/M. 1970.
L. Danneberg, Philosophische und methodische Hermeneutik, in: Philosophia naturalis 2 (1995), S. 249-270.
H. Dreyfus, Holism and Hermeneutics, in: Review of Metaphysics (1980), S. 389-421.
M. Etsuro, Gadamer-Bibliographie (1922-1994), Frankfurt/M. u.a. 1995.
E. Feil, Die »Neue Hermeneutik« und ihre Kritiker. Habermas und Albert contra Gadamer, in: Herder-Korrespondenz 28 (1974), S. 198-202.
G. Figal, Die praktische Vernunft des guten Lebens und die Freiheit des Verstehens. Die hermeneutische Fassung der »Idee des Guten« im Anschluß an Hans-Georg Gadamer, in: Antike und Abendland 37 (1992), S. 130-142.
Ders., Der Sinn des Verstehens. Beiträge zur hermeneutischen Philosophie, Stuttgart 1996.
G. Forget (Hg.), Text und Interpretation. Deutsch-französische Debatte mit Beiträgen von J. Derrida, Ph. Forget, M. Frank, H.-G. Gadamer, J. Greisch und F. Larulle, München 1984.
M. Frank, Das individuelle Allgemeine. Textstrukturierung und Textinterpretation nach Schleiermacher, Frankfurt/M. 1985.

M. Fuhrmann/H.R. Jauß/W. Panneberg (Hg.), Text und Applikation. Poetik und Hermeneutik IX, München 1981.
A. Graeser, Über »Sinn« und »Bedeutung« bei Gadamer, in: Zeitschrift für philosophische Forschung 38 (1984), S. 436-445.
J. Grondin, Hermeneutische Wahrheit? Zum Wahrheitsbegriff Hans-Georg Gadamers, Königstein/Ts. 1982.
Ders., Der Sinn für Hermeneutik, Darmstadt 1994.
Ders., Hans-Georg Gadamer. Eine Biographie, Tübingen 1999.
J. Habermas (Hg.), Hermeneutik und Ideologiekritik, Frankfurt/M. 1971.
Ders., Ein Literaturbericht (1967): Zur Logik der Sozialwissenschaften, in: ders., Zur Logik der Sozialwissenschaften, 6. Aufl., Frankfurt/M. 1985, S. 89-330.
Ders., Der Universalitätsanspruch der Hermeneutik, in: ders., Zur Logik der Sozialwissenschaften, a.a.O., S. 331-368.
Ders., Hans-Georg Gadamer: Urbanisierung der Heideggerschen Provinz, in: ders., Philosophisch-politische Profile, Frankfurt/M. 1984, S. 392-402.
Ders., Theorie des kommunikativen Handelns, 2 Bde., Frankfurt/M. 1985.
E.D. Hirsch, Prinzipien der Interpretation, München 1972.
D. Ingram, The Historical Genesis of the Gadamer/Habermas Controversy, in: Auslegung. A Journal of Philosophy 10 (1983), S. 86-151.
M. Kelly, Gadamer and Philosophical Ethics, in: Man and World 21/3 (1988), S. 327-346.
H. Keuth, Zur Kritik am Anspruch einer universellen Hermeneutik, in: Philosophia naturalis 2 (1995), S. 229-248.
H.-H. Kögler, Die Macht des Dialogs. Kritische Hermeneutik nach Gadamer, Foucault und Rorty, Stuttgart 1992.
W. Kuhlmann, Was ist und wie ist gültiges Verstehen?, in: ders., Sprachphilosophie – Hermeneutik – Ethik. Studien zur Transzendentalpragmatik, Würzburg 1992, S. 92-119.
Ders., Zu Gadamers Hermeneutik. Kritik und Fortentwicklung, in: ders., Sprachphilosophie – Hermeneutik – Ethik, a.a.O., S. 120-137.
W. Künne, Prinzipien der wohlwollenden Interpretation, in: Intentionalität und Verstehen, hrsg. vom Forum für Philosophie Bad Homburg, Frankfurt/M. 1990, S. 212-236.
A. MacIntyre, Contexts of Interpretation. Reflections on Hans-Georg Gadamer's »Truth and Method«, in: Boston University Journal 24 (1976), S. 41-46.

J.C. Maraldo, Der hermeneutische Zirkel, Freiburg 1974.
J. Mendelson, The Habermas-Gadamer Debate, in: New German Critique 6 (1978), S. 23-45.
P. Michelfelder/R.E. Palmer (Hg.), Dialogue and Deconstruction. The Gadamer-Derrida Encounter, Albany 1989.
D. Misgeld, Critical Theory and Hermeneutics: The Debate between Habermas and Gadamer, in: J. O'Neill (Hg.), On Critical Theory, London 1974, S. 164-183.
T. Orozco, Platonische Gewalt. Gadamers politische Hermeneutik der NS-Zeit, Hamburg 1995.
K. Petrus, Hermeneutische Erfahrung, in: J. Freudinger/A. Graeser/K. Petrus (Hg.), Der Begriff der Erfahrung in der Philosophie des 20. Jahrhunderts, München 1996, S. 220-230.
O. Pöggeler, Hermeneutische Philosophie. Zehn Aufsätze, München 1972.
Ders., Die ethisch-politische Dimension der Hermeneutik, in: G.-G. Grau (Hg.), Probleme der Ethik zur Diskussion gestellt, Freiburg 1972, S. 41-81.
P. Reisinger, Über die Zirkelnatur des Verstehens in der traditionellen Hermeneutik, in: Philosophisches Jahrbuch (1974), 81. Jg., S. 88-104.
P. Ricœur, Hermeneutik und Strukturalismus, München 1973.
Ders., Le métaphore et les interprétations. Essais d'herméneutique, Paris 1969, dt.: Hermeneutik und Strukturalismus. Der Konflikt der Interpretationen I, München 1973.
Ders., Phénoménologie et herméneutique, in: E.W. Orth (Hg.), Phänomenologische Forschungen, Bd. 1: Phänomenologie heute. Grundlagen und Methodenprobleme, Freiburg/München 1975, S. 31-71.
M. Riedel (Hg.), Rehabilitierung der praktischen Philosophie, 2 Bde., Freiburg 1972 und 1974.
Ders., Für eine zweite Philosophie. Vorträge und Abhandlungen, Frankfurt/M. 1988.
Ders., Hören auf die Sprache. Die akroamatische Dimension der Hermeneutik, Frankfurt/M. 1990.
P. Schuckman, Aristotle's Phronesis and Gadamer's Hermeneutics, in: Philosophy Today 23 (1979), S. 41-50.
Th.S. Seebohm, Zur Kritik der hermeneutischen Vernunft, Bonn 1972.
P.C. Smith, Gadamer's hermeneutics and ordinary language philosophy, in: The Thomist (1979), S. 296-321.

Ders., H.-G. Gadamer's Heideggerian Interpretation of Plato, in: Journal of the British Society of Phenomenology 18 (1981), S. 75-92.

G. Soffer, Gadamer, Hermeneutics, and Objectivity in Interpretation, in: Praxis International 12 (1992/93), S. 231-268.

W. Stegmüller, Der sogenannte Zirkel des Verstehens, in: K. Hübner/ A. Menne (Hg.), Natur und Geschichte. X. Deutscher Kongreß für Philosophie 1972, Hamburg 1973, S. 21-46.

L. Strauss/H.-G. Gadamer, Correspondence Concerning »Wahrheit und Methode«, in: Unabhängige Zeitschrift für Philosophie 2 (1978), S. 5-12.

D. Teichert, Erfahrung, Erinnerung, Erkenntnis. Untersuchungen zum Wahrheitsbegriff der Hermeneutik Gadamers, Stuttgart 1991.

U. Tietz, Zur hermeneutischen Wende der analytischen Philosophie, in: Deutsche Zeitschrift für Philosophie 5 (1994), S. 861-881.

Ders., Sprache und Verstehen in analytischer und hermeneutischer Sicht, Berlin 1995.

H. Turk, Wahrheit oder Methode? H.-G. Gadamers »Grundzüge einer philosophischen Hermeneutik«, in: H. Birus (Hg.), Hermeneutische Positionen: Schleiermacher, Dilthey, Heidegger, Gadamer, Göttingen 1982, S. 120-150.

W. Vossenkuhl, Analyse und Hermeneutik. Über »Verstehen«, in: Philosophia naturalis 2 (1995), S. 295-318.

G. Warnke, Gadamer. Hermeneutics, Tradition and Reason, Cambridge/ Mass. 1987.

A. Wellmer, Zur Kritik der hermeneutischen Vernunft, in: Ch. Demmerling/G. Gabriel/Th. Rentsch (Hg.), Vernunft und Lebenspraxis. Philosophische Studien zu den Bedingungen einer rationalen Kultur. Für Friedrich Kambartel, Frankfurt/M. 1995, S. 123-156.

Ders., Verstehen und Interpretieren, in: Deutsche Zeitschrift für Philosophie 3 (1997), S. 393-414.

R. Wiehl (Hg.), Die antike Philosophie in ihrer Bedeutung für die Gegenwart. Kolloquium zu Ehren des 80. Geburtstags von Hans-Georg Gadamer, Heidelberg 1981.

G.H. von Wright, Erklären und Verstehen, Frankfurt/M. 1974.

Zeittafel

1900	Hans-Georg Gadamer wird am 11. Februar in Marburg geboren.
1918	Reifezeugnis; Studium der Germanistik, Geschichte, Kunstgeschichte und Philosophie in Breslau.
1919	Wechsel über München nach Marburg.
1922	*Das Wesen der Lust in den platonischen Dialogen* (Dissertation in Marburg bei Paul Natorp).
1923	Begegnung mit Martin Heidegger in Freiburg.
1924	*Zur Systemidee in der Philosophie* (Festschrift zu Paul Natorps 70. Geburtstag).
1927	Staatsexamen im Fach klassische Philologie bei Paul Friedländer.
1928-29	Habilitation bei Martin Heidegger.
1931	*Platos dialektische Ethik. Phänomenologische Interpretation zum »Philebos«.*
1937	Verleihung des Titels eines a.o. Professors.
1938	Berufung auf das philosophische Ordinariat in Leipzig.
1946-47	Erster Nachkriegsrektor der Universität Leipzig.
1947-49	Professor für Philosophie in Frankfurt/M.
1949-68	Professor für Philosophie in Heidelberg (Nachfolge von Karl Jaspers).
1953	Mit Helmut Kuhn Gründung der Zeitschrift *Philosophische Rundschau.*
1960	*Wahrheit und Methode. Grundzüge einer philosophischen Hermeneutik.*
1971	Ritter des Ordens »Pour le mérite«; Gadamer wird Träger des Großen Bundesverdienstkreuzes.
1979	Hegelpreis der Stadt Stuttgart.

Hans-Georg Gadamer ist Mitglied zahlreicher wissenschaftlicher Akademien des In- und Auslandes und Träger zahlreicher Preise.

Udo Tietz, geb. 1953 in Berlin, ist wissenschaftlicher Mitarbeiter an der Humboldt-Universität zu Berlin. 1999 habilitierte er sich mit einer Arbeit zum Thema *Verstehen und Begründen aus dem Kontext. Aspekte eines antifundamentalistischen Universalismus.*
Veröffentlichungen u.a.: Ausdrückliche Klage aus der inneren Immigration. Texte und Grafiken aus der DDR (1991, zus. mit A. Kutulas); Sprache und Verstehen in analytischer und hermeneutischer Sicht (1995); Das Ethos der Ästhetik. Der junge Lukács (1997, zus. mit V. Caysa); Hinter den Spiegeln. Beiträge zur Philosophie von Richard Rorty (2000, Mitherausgeber). Zahlreiche Beiträge in Büchern und Fachzeitschriften zur Rationalitätstheorie, Sprachphilosophie, Phänomenologie, Hermeneutik, kritischen Theorie und zum Neomarxismus.

In der Reihe »Zur Einführung« im Junius Verlag bisher erschienen:

Theodor W. Adorno
von Gerhard Schweppenhäuser

Hans Albert
von Eric Hilgendorf

Karl-Otto Apel
von Walter Reese-Schäfer

Hannah Arendt
von Karl-Heinz Breier

Ingeborg Bachmann
von Stefanie Golisch

Roland Barthes
von Gabriele Röttger-Denker

Georges Bataille
von Peter Wiechens

Jean Baudrillard
von Falko Blask

Henri Bergson
von Gilles Deleuze

Ernst Bloch
von Detlef Horster

Hans Blumenberg
von Franz Josef Wetz

Jorge Luis Borges
von Adelheid Hanke-Schaefer

Pierre Bourdieu
von Markus Schwingel

Giordano Bruno
von Anne Eusterschulte

Martin Buber
von Siegbert Wolf

Albert Camus
von Asa A. Schillinger-Kind

Elias Canetti
von Dagmar Barnouw

Ernst Cassirer
von Heinz Paetzold

E.M. Cioran
von Richard Reschika

Jacques Derrida
von Heinz Kimmerle

John Dewey
von Martin Suhr

Denis Diderot
von Ralph-Rainer Wuthenow

Wilhelm Dilthey
von Matthias Jung

Meister Eckhart
von Norbert Winkler

In der Reihe »Zur Einführung« im Junius Verlag bisher erschienen:

Max Horkheimer
von Rolf Wiggershaus

Edmund Husserl
von Peter Prechtl

William James
von Rainer Diaz-Bone
und Klaus Schubert

Karl Jaspers
von Werner Schüßler

Jesus
von Peter Antes

C.G. Jung
von Micha Brumlik

Franz Kafka
von Wiebrecht Ries

Immanuel Kant
von Jean Grondin

Sören Kierkegaard
von Konrad Paul Liessmann

Alexander Kluge
von Rainer Stollmann

Lawrence Kohlberg
von Detlef Garz

Heinz Kohut
von Ralph J. Butzer

Konfuzius
von Xuewu Gu

Siegfried Kracauer
von Gertrud Koch

Julia Kristeva
von Inge Suchsland

Jacques Lacan
von Gerda Pagel

Lao-Tzu
von Florian Reiter

Gustav Landauer
von Siegbert Wolf

Emmanuel Lévinas
von Bernhard H.F. Taureck

Claude Lévi-Strauss
von Edmund Leach

John Locke
von Walter Euchner

Niklas Luhmann
von Walter Reese-Schäfer

Georg Lukács
von Rüdiger Dannemann

Martin Luther
von Dietrich Korsch

In der Reihe »Zur Einführung« im Junius Verlag bisher erschienen:

Jean-François Lyotard
von Walter Reese-Schäfer

Niccolò Machiavelli
von Quentin Skinner

Karl Mannheim
von Wilhelm Hofmann

Herbert Marcuse
von Hauke Brunkhorst
und Gertrud Koch

Karl Marx
von Flechtheim/Lohmann

George Herbert Mead
von Harald Wenzel

Maurice Merleau-Ponty
von Christian Bermes

Conrad Ferdinand Meyer
von Andrea Jäger

Montaigne
von Peter Burke

Thomas Morus
von Dietmar Herz

Robert Musil
von Thomas Pekar

Friedrich Nietzsche
von Wiebrecht Ries

Novalis
von Berbeli Wanning

Blaise Pascal
von Eduard Zwierlein

Jean Piaget
von Ingrid Scharlau

Platon
von Barbara Zehnpfennig

Ezra Pound
von Alexander Schmitz

John Rawls
von Wolfgang Kersting

Wilhelm Reich
von Martin Konitzer

Richard Rorty
von Detlef Horster

Jean-Paul Sartre
von Martin Suhr

Ferdinand de Saussure
von Peter Prechtl

Friedrich W.J. Schelling
von Franz Josef Wetz

Friedrich Schlegel
von Berbeli Wanning

In der Reihe »Zur Einführung« im Junius Verlag bisher erschienen:

Carl Schmitt
von Reinhard Mehring

Arthur Schopenhauer
von Wolfgang Korfmacher

William Shakespeare
von Bernhard H.F. Taureck

Georg Simmel
von Werner Jung

Baruch de Spinoza
von Helmut Seidel

Rudolf Steiner
von Gerhard Wehr

Leo Strauss
von Clemens Kauffmann

Thomas von Aquin
von Rolf Schönberger

Christian Thomasius
von Peter Schröder

Paul Tillich
von Gerhard Wehr

Alexis de Tocqueville
von Michael Hereth

Paul Valéry
von Ralph-Rainer Wuthenow

Eric Voegelin
von Michael Henkel

Michael Walzer
von Skadi Krause und
Karsten Malowitz

Max Weber
von Volker Heins

Ludwig Wittgenstein
von Chris Bezzel

Antike politische Philosophie
von Walter Reese-Schäfer

Buddhismus
von Jens Schlieter

Die europäischen Moralisten
von Robert Zimmer

Europäische Mystik
von Gerhard Wehr

Hinduismus
von Andreas Becke

Semiotik
von Gerhard Schönrich

Die Sophisten
von Bernhard H.F. Taureck

Die Vorsokratiker
von Carl-Friedrich Geyer